Andreas Schlüter · Yamaha XT 500

Andreas Schlüter

Motorräder die Geschichte machten

YAMAHA
Die XT-Einzylinder

Motorbuch Verlag Stuttgart

Einbandgestaltung: Johann Walentek unter Verwendung eines Dias aus dem Archiv des Autors.

Bildquellen:
Afrika Museum, DPPI, Wolf Eggers, Jan Leek, Mitsui Maschinen GmbH, Markus Send, Helmut Stöcker, Stuttgarter Motorradarchiv/mo, Andreas Schlüter, Bernd Tesch, Kurt Tweesmann, Erich Wunderlich, Wolfgang Zeyen

Adressen:
Afrika-Museum, Postweg 6, NL-6571 CS Berg en Dal
(Öffnungszeiten 1.4.–1.11.: täglich 10.00–17.00 Uhr, samstags, sonn- und feiertags 11.00–17.00 Uhr; 1.11.–1.4.: dienstags bis freitags 10.00–17.00 Uhr, samstags, sonn- und feiertags 13.00–17.00 Uhr)
EGU-Motoren und Zweiradtechnik GmbH, Eisentalstr. 3, 71332 Waiblingen
Globetrott-Zentrale Bernd Tesch, Karlsgraben 69, 52064 Aachen
Wunderlich, Walporzheimer Str. 2, 53474 Bad Neuenahr-Ahrweiler

**Motorräder
die Geschichte machten**

Eine Buchreihe im Motorbuch Verlag Stuttgart
herausgegeben von Wolfgang Zeyen

Bisher in dieser Reihe erschienen:
Moto Guzzi V-Twins, Ducati Königswellen-Twins, Honda CX 500/650, Yamaha XT-Einzylinder
Honda Sechszylinder CBX, Sei & Z 1300, Kawasaki – Z1 zur Zephyr.
Weitere Bände in Vorbereitung.

ISBN 3-613-01498-X

1. Auflage 1994
Copyright by Motorbuch Verlag, Stuttgart
Ein Unternehmen der Paul Pietsch Verlage GmbH & Co.
Sämtliche Rechte der Speicherung, Vervielfältigung und Verbreitung sind vorbehalten.
Satz und Druck: Druckerei Maisch + Queck, 70828 Gerlingen.
Bindung: Karl Dieringer, 70828 Gerlingen.
Printed in Germany

Inhalt

Vorwort	7
Yamaha entdeckt den Viertakter	9
Das Comeback des »Big Banger«	15
Die XT erobert die Bundesrepublik	26
Technik, Test und Tuning	41
Aus dem Leben einer Legende	60
Sportliche Spitzenleistungen	86
Familien-Bande	111
Presse-Spiegel	119
Technische Daten	120

Vorwort

Das Original. Die Enduro mit dem starken Viertakt-Herz. Wenn Sie nicht nur Kaffeefahrten machen. Motorradfahren pur. Spontan und präzise wie ein Uhrwerk produziert dieser Dampfhammer sein gewaltiges Drehmoment. Ein leichter Dreh am Gasgriff katapultiert sie nach vorn: Aus dem Schritt-Tempo heraus. Aus dem tiefsten Graben. Aus dem schlammigsten Wasserloch.

Kaum ein anderes Motorrad bietet soviel Eigenständigkeit, Ausstrahlung und Individualität. Sie wurde seit 1976 in härtesten Tests, in brutale Materialschlachten, kreuz und quer durch die Wüsten geschickt – und meistens ging sie als Sieger hervor. Da sitzen Männer drauf, die ihren Mann stehen.«

Wehe, wenn Werbetexter einmal losgelassen: All diese markigen, manchmal martialischen Slogans stammen aus Anzeigen und Prospekten. Der Zweck heiligt die Mittel – klar, daß hier und da etwas dick aufgetragen wird. Schließlich verfängt sie ja, die Mär vom harten, puren Männermotorrad. Die Statistik sagt da anderes: Der Frauenanteil an der XT 500-Käuferschicht betrug immerhin 8,84% – das bedeutete innerhalb der XT-Familie immerhin Platz zwei hinter der 250er Schwester. Im Grunde aber treffen die professionellen Verführer den richtigen Ton: Kraftvoll und kernig, so gebärdet sich die Yamaha XT 500 nicht nur auf dem Papier.

Nicht von Pappe ist auch die Karriere der klassisch angehauchten »XT«, wie sie in der Szene kurz, knapp und liebevoll genannt wird. Sie ist die erste »große« Enduro weltweit und entwickelt sich zum Evergreen: Satte 14 Jahre hält sich der Single im Yamaha-Programm, über 120.000 mal in dieser Zeit übergeben Händler eine funkelnagelneue XT. Superlative waren es nicht, die ihr einen vorderen Platz in den Verkaufshitparaden sicherten, im Gegenteil. Die XT war weder besonders teuer, noch selten, noch schnell, kein Technologie-Trip, sondern eine Besinnung auf schlichte Werte: ein Zylinder, zwei Ventile, vier Takte, das war's. Und bevor der dicke Pott sein typisch dumpfes Blubbern hören ließ, galt es erst einmal den Kickstarter zu bezwingen.

Gerade dieser Minimalismus aber, gepaart mit Robustheit, Dampfhammer-Charakteristik, einem Spritzer Nostalgie und einem kräftigen Schuß Abenteuer-Ausstrahlung hat die Herzen der Motorradfahrer im Sturm erobert, hat Geschichte gemacht. Der Käfer unter den Motorrädern, das ist die XT: einfach, preiswert, solide, ein verläßlicher und, nicht zu vergessen, trotz seiner »nur« 27 PS ein unerhört prestigeträchtiger Begleiter auf allen Wegen eben, egal ob offroad oder asphaltiert.

Yamaha gebürt das Verdienst, den großen Einzylinder wieder salonfähig gemacht zu haben, den deutschen Käufern – es waren übrigens insgesamt 24.768 – das Lob, der XT ein einzigartiges Denkmal gesetzt zu haben. Deshalb auch ist dieses Buch all jenen gewidmet, die ihren Teil zum Erfolg, zur Beliebtheit, ja zum Mythos XT beigetragen haben: Frauen wie Männern, Machern und Marketing-Strategen, Händlern und Kunden, Globetrottern und Gelegenheitsfahrern, Sportlern und Journalisten.

Mein besonderer Dank gilt an dieser Stelle denen, deren Unterstützung erst dieses Buch möglich gemacht haben: meinen Freunden und Kollegen Jan Leek, Marc-Roger Reichel und Wolfgang Zeyen für wertvolle Anregungen, moto revue und mo für die Nutzung ihrer Archive, Wolf Eggers, Markus Send und Angelika Weinelt für Praxis-Infos aus erster Hand, Nicole Hartmann, Walter Meier, Dieter Oetting und Karl-Heinz Vetter (Mitsui Maschinen GmbH) sowie Thierry Fouchet von Yamaha Motor France für geduldige Beantwortung diverser Anfragen, Werner Schütz, Helmut Stöcker und Kurt Tweesmann für Nachhilfe in Sachen Sport sowie Uli Egetemeir, Bernd Tesch und Erich Wunderlich für Aufklärung in Sachen Technik- und (Reise-)Zubehör. Danke!

Andreas Schlüter, Münster

Yamaha entdeckt den Viertakter

Im Zeichen des Wandels: Die Sechziger sagen tschüs

Mit einer Reihe von Paukenschlägen verabschieden sich die sechziger Jahre: In Paris endet mit dem Rücktritt von Charles de Gaulle eine politische Ära, und in Hanoi stirbt eines *der* Vorbilder der internationalen Studentenbewegung, der nordvietnamesische Staatspräsident Ho Chi Minh.
Eine Epoche findet auch in der Londoner Abbey Road ihren Abschluß: John, Paul, George und Ringo spielen ihre letzte gemeinsame LP ein, sie heißt »Let it be«. Währenddessen erleben in Woodstock 400.000 zu Songs von Jimmi Hendrix, Joan Baez, Joe Cocker und Co. den musikalischen Höhepunkt der »Flower-power«-Periode. Der Tiefpunkt folgt nur wenige Wochen später. Mitglieder der »Hell's Angels« erstechen beim Stones-Konzert in Altamont vor laufenden Fernsehkameras den Farbigen Meredith Hunter.
Wenige Tage vor Weihnachten 1969 dann dröhnt erstmals »Born to be wild« durch deutsche Kinosäle: »Easy Rider« hält Einzug, zaubert den Traum von Toleranz und Freiheit auf zwei Rädern auf die Leinwand und entwickelt sich zum Kultfilm – nicht nur für Motorradfahrer. Die Welt ist wieder einmal im Umbruch, die Jugend begehrt auf gegen autoritäre Strukturen und sucht nach neuen Wegen.

Von der allgemeinen Aufbruchstimmung bleibt auch die Motorradindustrie nicht verschont. Während der Niedergang traditionsreicher britischer Marken unaufhaltsam voranschreitet, stellt die vergleichsweise junge japanische Konkurrenz die Weichen für eine erfolgreiche Zukunft: Honda beispielsweise präsentiert 1969 mit der CB 750 Four einen absoluten Knüller. Sie geht als erster Großserienvierzylinder in die Geschichte ein.
Entscheidende Entwicklungen aber strengen Ende der 60er auch die drei übrigen Motorradhersteller aus dem Reich der aufgehenden Sonne an, Entwicklungen überdies, ohne die das Debüt der XT 500 nicht denkbar wäre:
Die Zweitakt-Spezialisten Yamaha, Kawasaki und später auch Suzuki erweitern ihre Modellpaletten um erste Viertakt-Versionen und sorgen damit innerhalb der motorisierten Zweirad-Zunft für einiges Aufsehen. Bei Honda dagegen war bereits 1951 mit der »Dream E«, einem 175 ccm-Einzylinder, das Viertaktzeitalter angebrochen.

Yamaha betritt die Biker-Szene: Mit Zweitaktern zum Erfolg

Vier Jahre später rollt die erste Yamaha aus den Hallen in Hamamatsu – und der Einzylinder-Zweitakter

Zwei erfolgreiche Enduros unter sich: Die überragenden Verkaufszahlen der großen Viertakt-Schwester erreichte die DT 175 MX zwar nicht, eine große Fangemeinde eroberte sich der leichtgewichtige Zweitakter dennoch.

mit ölgedämpfter Telegabel, Schwingsattel und Hinterrad-Geradwegfederung wird gleich ein Erfolg. Das 123-ccm-Maschinchen leistet 5,6 PS, rennt knapp 80 km/h und trägt das schlichte Kürzel YA-1. Das Zweitaktprinzip bestimmt auch in den folgenden Jahren die Philosophie der tatkräftigen Yamaha-Ingenieure. Sie entwickeln das erste Motorrad mit Plattendrehschieber- statt Schlitzsteuerung (YA-5) und auch das erste Modell mit Getrenntschmierung, die YA-6. Die 125er mit »Autolube«-System und Preßstahlrahmen erscheint 1964, innerhalb einer für Yamaha denkwürdigen Zeitphase. Im gleichen Jahr nämlich fährt Phil Read auf einer 250er RD 56 den ersten Weltmeistertitel für das japanische Werk heraus. Damit wird der Name Yamaha im fernen Europa zu einem Markenzeichen für schnelle und innovative Zweitakt-Motorräder. Von der Qualität der Yamaha-Maschinen können sich ab '64 deutsche Motorradfahrer ihr eigenes Bild machen, denn auf der damaligen IFMA in Köln startet das japanische Handelshaus Mitsui seine Aktivitäten als deutscher Yamaha-Importeur. Die Vorreiter-Funktion für ein in den kommenden Jahren stetig wachsendes Angebot fällt der DS-3 (248 ccm) zu, einer Zweizylinder-Straßenmaschine mit modernem Doppelschleifenrohrrahmen und Telegabel und 24 PS starkem Motor. Die DS-3 läuft nach dreijähriger Bauzeit aus, Zweitakt-Twins bleiben ein fester Bestandteil des Yamaha-Programms – und sichern der japanischen Marke einen Verkaufserfolg nach dem anderen. Die legendäre RD-Baureihe spricht da für sich.

»Singende Sägen«: Japans eintönige Zweitaktzeit

Wer einen Blick in mehr als zwanzig Jahre alte Ausgaben der Zeitschrift MOTORRAD wirft, entdeckt ein im Vergleich zu heutigen Verhältnissen schmales, ja einseitiges japanisches Motorrad-Angebot: Ganze zwei Exemplare etwa offeriert zu Anfang der Siebziger der deutsche Suzuki-Importeur Röth, beides Zweitakt-Straßenmaschinen mit zwei Zylindern. Die T 250 leistet 29 PS, deren 47 die T 500, und das war's auch schon. Erst 1976 beenden die GS 400 (zwei Zylinder, 27 PS) und 750 (Vierzylinder-Maschine mit 63 PS) die inzwischen nicht nur durch ein Dreizylinder-Trio (GT 380, 550 und der »Wasserbüffel« GT 750 mit 38, 48 und 63 PS), sondern auch durch erste Enduro-Versionen (TS 125 und 250 mit 9,6 bzw. 19 PS) untermauerte Zweitakt-Alleinherrschaft.

Von großer Auswahl kann fünf Jahre zuvor allerdings nicht die Rede sein. Einige wenige kleine Enduros, keine Chopper, keine 1000er – statt dikker Pötte beleben leichte und nicht unbedingt langsame Zweitaktflitzer die Landstraßen. Nein, müde sind die Suzis, Kawas und Yamahas dieser Jahre wirklich nicht. Aus kleinen Hubräumen kitzeln die Japaner mächtig Power und wildern – zu weit geringeren Preisen wohlgemerkt (ein- bis zweitausend Mark Unterschied sind 1970 bei Stundenlöhnen von durchschnittlich fünf Mark in der Industrie 'ne Menge Holz) – kräftig im Revier der Gummikühe und großen Zwei- und Dreizylinder von der Insel.

So auch Kawasaki, wo im Terzett »gesägt« wird. Neben den giftigen, drehschiebergesteuerten Zweizylindern A1 »Samurai« (247 ccm und 30 PS) und A7 »Avenger«, zu deutsch »Rächer« (338 ccm und 40 PS), liefert vor allem die legendäre 500 H1 »Mach III« (drei Zylinder, 498 ccm und 60 PS) Gesprächsstoff, eine äußerst durstige Rakete auf Rädern mit nicht ganz so fabelhaftem Fahrwerk. Trotz oder vielleicht gerade wegen ihrer Macken schafft es die Kawa H1, zu einer Legende zu werden. Solche Aufmerksamkeit bleibt der ersten Viertakt-Konstruktion versagt, der 650er Zweizylinder (W1 bzw. W2 SS mit 50 bzw. 53 PS) im Stil einer eng-

Die XS-1 markierte 1969 den Einstieg des bisherigen Zweitaktspezialisten Yamaha in die Viertakt-Szene. Sechs Jahre später findet eine direkte Nachfahrin des 38-PS-Straßen-Twin den Weg nach Deutschland – die XS 650.

lischen Lady fristet ebenso ein Mauerblümchendasein wie Jahre später die Neuauflage in Gestalt der Z 750. Hubraumstarke Zweizylinder-Tourer harmonieren augenscheinlich nicht mit dem sportlich-aggressiven Kawa-Image der Sechziger und frühen Siebziger. Außerdem fehlt's diesen Viertakt-Erstlingen einfach an Eigenständigkeit, der englische Schatten ist viel zu groß. Der zweite Versuch wird dafür auf dem Kawasaki-Konto als Mega-Erfolg verbucht. Die Z1 ist, keine Frage, der umlagerte Star der IFMA 1972. Mit vier Pötten, 900 Kubik und mächtig Power läutet sie die »Big-Bike«-Ära ein – und den allmählichen Abgesang der hauseigenen Zweitakt-Kultur. Die Dreizylinder-Generation jedenfalls läuft 1979 mit der KH 250 aus. Hochfrequenten Sound verbreiten zu Anfang des Jahrzehnts auch Yamaha-Auspufftöpfe, und dies gleich im Familienverband. Von der 50er (FS-1, Einzylinder mit 5 PS) bis hin zur 350er Klasse (RD-Vorläufer R 5, ein Twin mit 30 PS) reicht das Angebot, mittendrin eine 125er (YAS-2, 15 PS) und 250er (DS 7, 25 PS) Zweizylinder. Hinzu kommt 1971 als erste Enduro die DT-1 F (21 PS aus 246 ccm bei einem Trockengewicht von knapp 120 Kilo) nach Deutschland.

Aufbruch in eine neue Ära: Der Vormarsch der Viertakter

Für den Baß im Yamaha-Konzert und den Aufbruch in eine neue Ära sorgt bereits ab '69 die XS-1 (650 ccm, 53 PS), der erste Viertakter der Marke mit den drei gekreuzten Stimmgabeln. Wie später auch die XT 500 rollt der britisch gefärbte Twin zuerst über US-Highways, bevor der Vorläufer der XS 650 dann 1970 den Weg nach Deutschland findet. Führt die XS-1 Anfang der Siebziger noch ein Einsiedlerdasein, zeigt sich Ende des Jahrzehnts das technologische Kräfteverhältnis bei Yamaha grundlegend verändert: Läßt man die nicht für den Straßenbetrieb zulassungsfähigen Rennmodelle einmal außen vor, stehen neun Zweitakter (Bop LB 3 M, RS 100, RD 200/250/400, DT 125 E/175/250/400 MX) nun acht Viertaktern gegenüber (XS 250/400/500/650/750/1100, SR 500, XT 500). Endgültig ins andere Extrem hat sich das Bild 1993 verschoben. Ganze zwei Yamaha-Zweitakter (DT 125 R und TDR 125) finden sich noch im Angebot des deutschen Importeurs, der Mitsui Maschinen GmbH. Beim riesigen Rest – es handelt sich hier um immerhin 21 Modelle, angefangen beim 125er Beluga-Roller bis zum High-tech-Krad GTS 1000 mit Einspritzung, Kat und ABS – geht's im Viertakt-Rhythmus voran. Gründe für diesen radikalen Richtungswechsel gibt es verschiedene. Das langsam erwachende Umweltbewußtsein macht auch vor der Motorrad-Industrie nicht Halt. Schärfere Abgasbestimmungen, unzeitgemäßer Durst (einer 40 PS starken Kawasaki 400 S3 bescheinigte MOTORRAD 1975 einen durchschnittlichen Testverbrauch von 8,6 (!) Litern) sowie eine mehr oder minder spitze Leistungscharakteristik nach dem Motto »unten wenig, oben alles« bescheren Zweitaktern über 125 ccm nach und nach das Aus oder zumindest ein Statistendasein.

Letzteres verschaffen Zweitaktmotoren auch deren wenig wohlklingenden Lebensäußerungen. Vor allem der Sound von Maschinen älterer Bauart ist nicht dazu angetan, die Motorrad-Akzeptanz in der Bevölkerung zu vergrößern. Frequenzen à la Kreissäge treiben so manchem, sonst eher zurückhaltenden Mitmenschen die Zornesröte ins Gesicht und entlocken wenig freundliche Kommentare. Auch in punkto Haltbarkeit bleiben Zweitakter nur zweiter Sieger, ein Grund für die Überlegenheit von Viertaktmotoren bei Langstreckenrennen. Schließlich kön-

Als Hersteller von schnellen Zweitakt-Straßenflitzern machte sich Yamaha einen Namen. Im Bild die letzte Ausgabe der luftgekühlten RD 250-Baureihe aus dem Jahr 1979.

nen sich deren Kolben und Zündkerzen eine Kurbelwellenumdrehung mehr Zeit lassen für einen kompletten Arbeitszyklus (Ansaugen – Verdichten – Zündung – Ausstoß). Der restliche Sportsektor aber bleibt die Domäne von Zweitaktern, sie sind in Sachen Leistungsgewicht einfach nicht zu schlagen. Schließlich reicht ihnen schon eine einzige Kurbelwellenumdrehung, also zwei Takte (Frischgasfüllung/Verdichtung und Zündung/Verpuffung), um das Hubvolumen umzusetzen. Das Zusammenfallen von Arbeitstakten erlauben Überströmkanäle in der Zylinderwand. Der Kolben gibt am Ende des zweiten Taktes nämlich nicht nur den Auslaß frei, sondern auch Schlitze, aus denen Frischgase aus dem Kurbelgehäuse »überströmen« und den Zylinder füllen können.

RD contra XT: ein Vergleich zweier Welten

Maximale Power aus minimalem Hubraum, das ist auch heute noch die Stärke des Zweitakters. Eine Literleistung von immerhin 224 PS erreicht die aktuelle, 146 Kilo leichte IMT-Yamaha TZR 250. Wie sich die Zeiten ändern: Phil Reads MV Agusta aus dem Jahr 1974, ein immerhin mit Weltmeisterehren versehener 500er Vierzylinder hat in Sachen spezifischer Leistung (230 PS/l) kaum mehr zu bieten als die Viertelliter-Rakete mit Straßenzulassung. Die gedrosselte XT 500 bescheidet sich dagegen mit gerade einmal 54 PS/l.

Sobald jedoch maximales Drehmoment und ein breites Leistungsband gefragt sind, hat die dicke XT das Rad vorn. Das unterstreicht der Vergleich einer Yamaha RD 250 Baujahr '75 mit der XT 500. Der RD-Zweizylinder entwickelt eine Spitzenleistung von 32 PS bei 8.000 U/min, während die XT in der offenen Version (die Meßwerte beziehen sich auf die nicht leistungslimitierte französische Ausgabe) die gleiche Power bereits 1.500 U/min früher erreicht.

Noch deutlicher wird die unterschiedliche Motorcharakteristik, wenn man die Drehmoment-Daten gegenüberstellt. Der dicke Viertakt-Eintopf wuchtet bei 5.500 U/min immerhin 40 Nm auf die Kurbelwelle, während das maximale Drehmoment des Zweitakt-Twins zum einen niedriger (28 Nm) ausfällt und zum anderen erst bei 8.000 U/min anliegt.

Nervös der eine, durchzugskräftig der andere Motor – deshalb kommt die XT im Gegensatz zur RD mit fünf statt sechs Gängen aus. In Sachen Höchstgeschwindigkeit rennt die in etwa gleichschwere (158 zu 155 kg zugunsten der Enduro), aber niedrigere RD der XT natürlich davon: Mit 147,7 km/h (sitzend) rauscht der damalige MOTORRAD-Cheftester Franz-Josef Schermer durch die Lichtschranke. Die Kollegen von MOTO REVUE dagegen beschleunigen eine XT, Baujahr '78, gerade mal auf deutsche Autobahn-Richtgeschwindigkeit. Dafür laufen auch nur durchschnittlich 5,1 Liter, so das Ergebnis eines MO-Versuchs, durch den Vergaser einer ungehindert atmenden XT, während die RD gleich zwei Liter (7,1 Liter) mehr konsumiert.

Ein hochgezüchtetes, auf Leistung getrimmtes Triebwerk hier, genügsame Dampfhammer-Mentalität dort – Welten trennen RD und XT. Eine Entscheidung für die eine oder andere Maschine, für Zwei- oder Viertaktprinzip, bleibt eine Charakterfrage.

Rückblickend betrachtet gehört die Zukunft aber Motorrädern wie dem nostalgisch anmutenden Eintopf. Als die XT nach 14jähriger Produktionsdauer 1989 endgültig von der Bühne abtritt, ist die luftgekühlte RD schon zehn Jahre Vergangenheit.

Das Comeback des »Big Banger«

Es war einmal: Die Zeit der »großen Knaller«

»Gros mono« nennen ihn die Franzosen, »big banger« oder »thumper« die Briten. Beide meinen dieselbe Motorrad-Spezies, den fülligen Viertakt-Einzylinder. Seinen Zenit scheint der »große Knaller« Anfang der Siebziger weit überschritten zu haben. Ob Ardie, Ariel oder Aermacchi, BSA oder Bianchi, ob Gilera, Guzzi, Horex oder NSU – sein Hoch erlebt der hubraumstarke Einzylinder-Viertakt-Motor als Antriebsquelle legendärer Klassiker, die zwischen 1920 und 1960 entstehen. Danach geht's rasch bergab, schon deshalb, weil die Mehrzahl der europäischen Hersteller erst dem Trend zu vierrädrigen Vehikeln und später der japanischen Konkurrenz zum Opfer fällt. Als Auto des sogenannten kleinen Mannes haben Motorräder in Zeiten des Aufschwungs ausgedient, wohingegen Motorradfahren als Freizeitvergnügen nicht nur einer kleinen Minderheit sich erst noch etablieren muß.

Rund 30.000 neuzugelassene Motorräder über 50 ccm registriert die Branche noch 1952, darunter 2.300 Brummer ab 500 Kubik. Vierzehn Jahre später finden noch sage und schreibe 2.900 (!) Kräder treue Biker-Seelen, die nicht von motorisierten Zweirädern lassen wollen. Die glücklichen Besitzer nigelnagelneuer »Mopeds« mit einem halben Liter und mehr Hubraum hätten sogar bequem in ein kleines Dorfkino gepaßt, sie zählen nämlich nur 260 Köpfe. Damit schwingt sich nicht einmal jeder zehnte Motorradkäufer in den Sattel eines Boliden. Besonders betroffen von dieser Entwicklung ist neben deutschen Marken der jahrzehntelang führende und früher florierende englische Motorradadel.

Mangelnde Flexibilität gegenüber Kundenwünschen, Management-Fehler, dünne Finanzdecke, ausgedehnte Streiks und schleppende Ersatzteilver-

Big banger – made in Britain: Auf einer AJS pflügte der spätere XT-Tuner Kurt Tweesmann 1959 erfolgreich durchs Gelände.

sorgung führen Zug um Zug ins Abseits. Vom Exodus der auf der anderen Seite des Kanals beheimateten Zweiradindustrie bleiben natürlich auch die zahlreichen Einzylinder-Versionen nicht verschont. Daran ändert auch der auf Rennstrecken einstmals erworbene sportliche Ruhm nichts, die Zeiten siegreicher Norton, Matchless, AJS oder Velocette sind ein für allemal vorbei. Vergangen die Tage von Stanley Woods, Jimmi Guthrie, Bill Lomas, Bob Foster oder Geoff Duke – Männer, die vor beziehungsweise nach dem Zweiten Weltkrieg auf ihren 350er und 500er Einzylinder-Rennmaschinen Tourist-Trophy- und Grand-Prix-Geschichte schrieben. Nach und nach müssen sich die »großen Knaller« der kapitalen Kraft mehrzylindriger Konkurrenz von Guzzi bis Gilera und insbesondere MV Agusta geschlagen geben. Kleinere, besser gekühlte und beatmete Einzelhubräume, höhere Literleistung und Drehzahlen heißt deren Erfolgsdevise, der auch gewiefte Single-Tuner nichts Gleichwertiges mehr entgegensetzen können.

1949 erringt AJS ein letztes Mal einen Straßen-WM-Titel, 1950 Velocette. Drei Jahre später können die Norton-Fans noch einmal jubeln. Danach aber rangieren die traditionsreichen englischen Viertakt-Monos bei Grand-Prix-Veranstaltungen nur noch unter »ferner liefen«. Nur die italienischen Vettern fahren in Gestalt der wunderbar windschnittig eingehüllten 350er Guzzis noch bis 1957 vorneweg und WM-Lorbeer ein.

Auch im Geländesport büßen die »big banger« unwiderruflich ihre Konkurrenzfähigkeit ein, leichte und schnelle Zweitakter von Bultaco, CZ, Jawa, Husqvarna, Maico, Montesa oder MZ übernehmen dort das Kommando – gefolgt von japanischen Marken, Suzuki an erster Stelle. Einzig auf Grasbahnen, Speedway-Kursen, sandigen und eisigen Ovalen hielten und halten Jawas und Japs, Goddens und GM's, Weslakes und Co. das Viertakt-Single-Fähnchen erfolgreich hoch.

Leistung zählt:
Das Aus für den Viertakt-Mono?

Das aber hängt durch, als 1970 ein kräftiger Aufwind die gebeutelte Branche erfaßt. Die Saure-Gurken-Zweiradzeit hat ein Ende, in den Kassen der verbliebenen Händler klimpert nicht nur Kleingeld, sondern rascheln auch wieder größere Scheine. Auf starke 32,9 Prozent starten die Zulassungszahlen in der großen Klasse durch, das sind umgerechnet 2.720 von insgesamt 8.250 erstmals mit einem Kuchenblech behängten Bikes. »Wiederentdecktes Glück« titeln da nicht zu Unrecht die HOBBY-Reporter. Es ist die Zeit der Elefanten, der Büffel, der /5er BMWs, der großen Guzzis und eleganten Engländerinnen vom Schlage einer Triumph Trident oder Norton Commando, aber auch die Phase des losbrechenden japanischen Big Bike-Booms mitsamt Zylinder- und Leistungs-Inflation. CB 500, 750, 900 Z1, 750 H2, TX 750, XS-1, GT 750, solch nüchterne Modell-Codes sind es, welche die Benzingespräche begeisterter Biker mit immer neuem Treibstoff versorgen.

»Die Zeit war anders geworden«, schreibt Ernst »Klacks« Leverkus, einer der großen alten Männer der Motorradjournaille, über die Aufbruchsatmosphäre Anfang der Siebziger, »das Motorrad als Zweckfahrzeug passé, das Billigfahrzeug Motorrad gab es schon lange nicht mehr, nun konnte uns endlich das Motorrad für Erholung, Freude und den Riesenspaß begegnen ... Der Spaß florierte, die Übertechnik war da.«

Singles führen unter diesen leistungsgeschwängerten Vorzeichen bald ein einsames Dasein am Markt. Eine Aermacchi 350 TV, die zwischenzeitlich wiederbelebte Guzzi (Nuovo) Falcone, beide mit klassisch liegendem Zylinder, dazu eine Handvoll Königswellen-Ducatis mit oder ohne Desmodromik sowie die langhubige BSA Shooting Star, das ist 1971 der kümmerliche Rest eines vormals so breiten Ange-

Una bella macchina aus Mandello: Die Moto Guzzi Falcone zählt zu den Klassikern der Single-Szene.

bots an Einzylinder-Viertaktern zwischen 350 und 500 ccm in Deutschland.

Die schon dürftige Auswahl dünnt indes noch weiter aus. Ducati stellt Ende des Jahres 1974 die Produktion der ohc-Einzylinder ein, BSA hat schon ein Jahr zuvor seine Tore für immer geschlossen, und auch die Aermacchi-Viertakter sagen nach Aufkauf durch AMF Harley-Davidson adieu.

Unter ganzen zwei Maschinen kann der von der Industrie im Stich gelassene Dampfhammer-Freund 1975 wählen. Die Moto Guzzi Sahara ist eine Kreuzung aus Falcone-Motortechnik und Behörden-Outfit samt Beinschutz. Der Poltergeist mit der Ausstrahlung eines Lanz Bulldog kommt allerdings nur für verschworene Veteranen-Freunde in Frage, wie die MOTORRAD-Tester feststellen: »Das sandfarbene Fahrzeug mit dem arabisierten Schriftzug ›Sahara‹ ist ein Gerät mit Charakter. Auch vom Fahrer wird dieser verlangt. Denn ohne Selbstbewußtsein wird kaum einer sich in die Aura, die diese altertümliche Maschine ausstrahlt, hineinleben wollen. Wer aber erspürt, was diese Maschine will, und wer ein Ohr für den Klang des Herzens, des Motors hat, der wird unter den Vielzylindrigen ungekrönter König sein.«

Aura hin, arabisches Outfit her, was die Sahara jeneits jeglicher Schönfärberei wirklich auf die Räder stellt, beschreibt Klacks in seinem Buch »Die faszinierenden Motorräder der siebziger Jahre«. Befreit von sentimentalem Ballast entpuppt sich dort das Sein unter dem Sahara-Schein als Sammelsurium von Mängeln und Mankos: »Keine Sitzbank mehr, primitiv zusammengeformter Doppelschalldämpfer, mit dem der Hinterradausbau zum Problem wurde, lahme Beschleunigung, Vorderradbremse nicht mehr dicht, Scheppern der Bein- und Verkleidungsbleche vor dem Motor, riesiger Ansauggeräuschdämpfer und Luftfilter rechts unter dem Tank vor dem Fahrerknie, ungefederter Soziussitz mit unmöglich hoher Lage der Mitfahrer-Fußrasten, kleiner Scheinwerfer, kein Drehzahlmesser mehr, unhandliche Schalterarmaturen und noch mehr negative Details, wie eben so'n Kommißschlitten!«

Ein verschleißträchtiger Ventiltrieb fördert die Freude an dem 214-Kilo-Koloß ebensowenig wie ein vergleichsweise hoher Einstandspreis.

Kein Wunder, daß die wüstensandgelbe Guzzi auf deutschen Straßen eine seltene Erscheinung bleibt. Dieses Schicksal teilt sie mit der spanischen Sanglas 400, der anderen Alternative anno 1975: »Wer Einzylinder großen Kalibers mag und den alten Engländern wie BSA oder Velocette nachtrauert, der wird auf dieser spanischen Viertaktmaschine sein Glück finden«, so ein MOTORRAD-Kommentar.

Letzteres wollen – und das ist irgendwie verständlich – nur wenige. Denn altehrwürdige Ausstrahlung in allen Ehren, ersetzen kann die den Vertrauensvorschuß einer eingeführten Marke mit dichtem Händlernetz und entsprechenden Serviceleistungen nicht. Wer mag sich auch gleich ein zweites Exemplar in den Keller legen, nur um der Ersatzteilfrage Herr zu werden. So bleibt dem urigen Viergang-Eintopf von der iberischen Halbinsel, dort übrigens im Polizeieinsatz, nur die Rolle eines Statisten. Über die kommen auch die Halbliter-Versionen S und S 2 nie hinaus. Der spanische Stoßstangenmotor mit dem typischen ovalen Gehäuse ist einfach kein Massenspielzeug, er verlangt nach besonders pfleglicher Behandlung und Schrauber-Talent. Das fordern nicht zuletzt hohe Fertigungstoleranzen häufig heraus.

Honda XL:
Im Osten geht die Sonne auf

Motorräder für Massen entwickeln und die zahlreichen Kunden über Händler vor Ort auch zu bedienen, das ist die Stärke der Japaner – einmal ganz abgesehen davon, daß die Macher aus Fernost für so manchen technologischen Coup gut sind und waren. Japan ist es schließlich auch, wo die Sonne für den im Abendland aufgegebenen Viertakt-Single wieder aufgeht. Honda fällt das Verdienst zu, mit den Vierventilern XL 250 und 350 den entscheidenden konstruktiven Neubeginn eingeleitet zu haben. Die 500er Krone aber setzt sich Yamaha auf. Zwar heißt's bereits 1974 bei MOTORRAD, Honda habe seit geraumer Zeit eine 500er in Planung, doch die läßt noch vier Jahre auf sich warten, trotz journalistischer Beschwörungsversuche: »1.300 Stück wurden von der XL 250 an den Mann bzw. die Frau gebracht – von einer größeren Version würden es sicher nicht weniger sein. Nur: Wer kann das den sachfremden Verantwortlichen beibringen?«
Nicht einmal die wortgewaltigen MOTORRAD-Mannen, obgleich sie sich weiß Gott wirklich alle Mühe geben. Als die nämlich Anfang '75 die XL 350 für einen kurzen Fahrbericht in die Finger kriegen, bricht unter den Testern Braun, Limmert und Schermer die pure Begeisterung aus: Vom »sagenhaften Startverhalten, seidenweichen Viertaktlauf und Laufruhe« ist da die Rede, von »Augen wie Kinder vorm Weihnachtsbaum«. Kurzum, die Honda trifft voll den Nerv der Testmannschaft. Die Herren sind nämlich zweitaktmüde, und da ist die 350er XL mit ihrem kurzhubig (Bohrung/Hub gleich 79 zu 71 Millimeter) ausgelegten Antriebsaggregat die reine Kur für ihre Kreissägen-Katarrh-geschädigten Seelen.
So schwärmt man in Stuttgart, »daß ein hochentwickelter, nobel gedachter Viertakt-Einzylinder im Vergleich zu den meisten Zweitaktern von heute bezüglich Leistungsverhalten und Laufkultur fahrerisches Neuland und darin die reinste Erholung sein kann. Vornehmlich für Leute, die rasante ›singende Sägen‹ mit ihrem hektischen Leistungs- und Laufgebahren hinlänglich bis gründlich satt haben – wie manchmal die MOTORRAD-Tester.«
Nur einen Tag dürfen letztere das 145-Kilo-Exemplar in Hockenheim bewegen, doch der reicht aus, um der XL 350 mit ihrem elastischen wie kräftig-kernigen 30-PS-Motor das Prädikat »Krönung der Einzylindrigkeit« zu verleihen. Umsonst, alle schönen Worte nutzen nichts, die größere Schwester der XL 250 wird deutschen Käufern vorenthalten, angeblich, weil Honda nicht glaubt, eine Mindestanzahl von 1.000 Maschinen losschlagen zu können.
So bleibt die 250er bis zum ersten Erscheinen der XL 500 S Ende 1978 zwischen Flensburg und Fürstenfeldbruck der größte Viertakt-Eintopf mit Honda-Logo. Der Vierventiler wartet zwar nicht mit dem Punch ihrer größeren Schwester auf, für gute Noten in Sachen Durchzug und Drehmoment aber ist genügend Dampf vorhanden. Daß die angenehme Art der Leistungsentfaltung nur als heiseres Flüstern nach draußen dringt, freut die hellhörig gewordene Umwelt ganz besonders.
Ihren Platz in den Annalen der Motorradgeschichte

verdient sich die Honda XL 250, weil mit ihr die moderne Viertakt-Eintopf-Entwicklung beginnt – und, das muß an dieser Stelle im selben Atemzug erwähnt werden, der bis heute anhaltende Viertakt-Enduro-Erfolg!

Duft von Freiheit und Abenteuer: Die Enduros kommen

Erste Eindrücke vom Erlebnis Endurofahren werden im Zusammenhang mit einem Test der XL 250 in MOTORRAD 5/74 zu Papier gebracht, Impressionen übrigens, die an Aussagekraft und Aktualität auch nach fast zwanzig Jahren nichts verloren haben:

»Man kann damit geschwind um die Ecke flitzen, kann kleine und kleinste Wege erforschen, ja sogar in den Urlaub fahren ... Was soll ich denn mit soundsoviel PS und einer Höchstgeschwindigkeit, die mir statt Freude am rauschenden Fahrtwind, am rasanten Durchfahren von Kurven und am Überholen nur eines beschert: blaue, Strafmandate enthaltende Briefe im Kasten, vielleicht sogar Entzug des ach so

A star is born: Mit der Honda XL 250 startete das moderne Viertakt-Enduro-Zeitalter.

wichtigen grauen Papiers? ... Die Alternative ...: Enduro fahren! Man kann sich wieder auf die Natur konzentrieren, kann wieder den Duft von frisch geschlagenem Holz schnuppern, weiß wieder, wie ein Heuhaufen riecht – und lernt vielleicht auch nur, wieder zu sich selbst zu finden!«

Die langsam um sich greifende Enduro-Invasion steht für die Abkehr vieler Zweirad-Fans von einer Motorrad-Leistungsgesellschaft, welche die Freude am geliebten Hobby vor allem in maximaler Beschleunigung, Höchstgeschwindigkeit und PS-Protzerei zu messen scheint. Ist es ein Zufall, daß gerade Ende der 70er, zur gleichen Zeit, in der die großen Viertaktenduros ihren Siegeszug starten, der Umweltreport »Global 2000« erscheint – ein Opus, das die katastrophalen Auswirkungen einer auf ungezügelten Fortschritt ausgerichteten industriellen Wachstumsgesellschaft anprangert? Vorher schon vereitelt die scharfe US-Umweltgesetzgebung die Entwicklung von 500er Zweitakt-Enduros. Ist es in diesem Zusammenhang ein Wunder, daß die Entwicklung der XT gleich nach der ersten Ölkrise beschlossen wird? In einem Moment also, wo steigende Sprit-Preise ein Umsteigen von Zweitakt-Säufern auf genügsamere Viertakt-Versionen nahelegen, wo in fast ganz Europa Geschwindigkeitsbeschränkungen um sich greifen und auch in der Bundesrepublik kurzfristig Tempo 100 gilt, entsteht eine 500er, auf deren Lastenheft nicht mehr maximale Leistungsausbeute als oberstes Ziel vermerkt ist.

Enduros definieren den Spaß an der motorisierten Fortbewegung auf zwei Rädern neu. Die Mehrkämpfer der Motorrad-Zunft erschließen nicht nur alternative Wege abseits ausgetretener Asphalt-Rennpisten, sondern charakterisieren auch ein sich veränderndes Motorradfahrer-Bewußtsein. Die besondere Leistung der XT liegt darin, eine bereits bestehende Motorrad-Kategorie dem Dornröschenschlaf zu entreißen. Die XT 500 ist schlicht und einfach die erste Enduro, der auch Fahrer großer »Böcke« echte Anerkennung zollen. Bis zu diesem Zeitpunkt nämlich werden die stollenbereiften »Underdogs« vornehmlich als Übungsinstrument für Anfänger bzw. als Zweitmaschine für Kiesgruben-Kunststücke oder winterliche Rutschpartien betrachtet. Das ändert sich mit der XT 500 schlagartig, sie »darf« im Konzert der Großen mitsingen. Schließlich setzt sie sich schon in punkto Leistungsentfaltung von der hubraumschwächeren Konkurrenz kräftig ab. Außerdem riecht die XT nach Freiheit und Abenteuer und paßt damit prächtig in die sich entwickelnde Freizeit- und Reise-Gesellschaft. Zudem stillt die Yamaha das immer stärker werdende Verlangen nach pflegeleichten, zuverlässigen Maschinen:

Wer (sich) auf sie setzt, kommt immer an – wie der berühmte Camel-Mann. Zigarettenwerbung und Enduro, beide stehen sie für denselben Zeitgeist. Der Reiz unwegsamer Weiten, der Traum vom Ausbruch aus dem Alltag, ausgefahrene Wege verlassen, sich einer Herausforderung stellen und diese erfolgreich bewältigen, all das vermitteln Rauchwaren-Marketing wie das Yamaha-Motorrad. Viel Rauch um nichts, meinen Sie? Keineswegs. Oder warum sponserte Reval Mitte der Achtziger in Zusammenarbeit mit MO eine Testaktion, wenn nicht im Bewußtsein der besonderen wie besonders werbewirksamen Qualitäten der XT?

Doch zurück zu den Anfängen. Während im Deutschland der frühen Siebziger die Viertakt-Enduro-Welle langsam anrollt und noch einiger publizistischer Unterstützung bedarf, kann man andernorts schon auf langjährige Vorerfahrungen in Form von »Scramblern« zurückblicken. »Scramble«, das ist die englische Vokabel für Geländerennen, und Scrambler sind nichts anderes als für den Offroad-Einsatz abgewandelte Straßenmaschinen, die vor allem in den 60ern viele Fans finden, vorzugsweise in Übersee.

Ciao Ducati! Ein Jahr vor der Premiere der XT 500 stellte Ducati die Produktion der ohc-Eintöpfe ein.

Wegbereiter für Enduro-Welle: Die Scrambler kommen

Amerikanische Importeure sind es, die ihre europäischen Lieferanten zur Kreation von Scrambler-Versionen motivieren. Schließlich liegt das Glück amerikanischer Biker nicht nur auf schnurgeraden US-Highways. Im Gegenteil, »the great wide open«, weites Land unterschiedlichster Couleur, Slickrocks und Salzseen, Halbwüsten und Prärien, dünnbesiedelt und meist frei zugänglich, das ist zweifelsohne das richtige Areal für allerlei Offroad-Abwege. Nicht umsonst liegt schließlich die Geburtsstätte der Mountain Bikes in den Staaten, im Marin County unweit von San Francisco. Ganz zu schweigen von Cross-Cracks wie Bob Hannah, Brad Lakkey oder den auf Dirt Tracks, ölig-schmierigen Sandbahnpisten, erworbenen Drift-Qualitäten amerikanischer Kurven-Künstler wie Kenny Roberts und Co.

Bevor die XT 500 aber die Staaten und den Rest der Welt erobert, bereiten ihr klassisch-englische Halbliter-OHV-Scrambler den Weg, wie sie unter anderem Velocette speziell für den US-Markt produzierte. Bereits in den Fünfzigern ließ der kalifornische Velocette-Vertreiber Lou Branch auf Basis des Modells MSS, einer 500-ccm-Straßenmaschine mit Stoßstangenmotor (Bohrung/Hub 86/86 Millimeter, 23 PS bei 5000 U/min) eine Geländeversion stricken – per scharfer Nocke, geänderter Verdichtung und offenem Vergaser auf 35 PS getunt. Trotz Befreiung von lästiger Elektrik und Instrumentarium brachte der Ballermann noch gut 150 Kilo an den Start, schweißtreibender Spaß abseits fester Wege war also garantiert.

Neben solchen, auf Wettbewerbe ausgelegten Versionen gab's parallel auch »Endurance«-Varianten für den Alltagsbetrieb. Dazu wich der halbhoch verlegte »verlängerte Krümmer« dem Auspuff der Straßen-MSS mit Topf in klassischer Fischschwanzoptik. Beleuchtung, Tacho und Soziusrasten kamen wieder an ihren Platz, ein ausladendes Geweih von Lenker wurde ebenso montiert wie grobstollige Pneus – fertig war der XT-Vorläufer von anno dazumal.

Auch Ducati kreierte eine Scrambler-Linie für den

In Deutschland führten Ducati-Scrambler nur ein Schattendasein, in Italien dagegen feierten sie Verkaufserfolge.

bei weitem bedeutendsten Auslandsmarkt, der den Löwenanteil der Mono-Ducs schluckte. Der Anstoß dazu kam in den Sechzigern und wiederum von einem US-Importeur. Als Krönung der italo-amerikanischen Kooperation entstand Anfang der 70er in Bologna eine »nackte« 450er auf Basis der bildschönen Königswellen-Einzylinder-Baureihe. Dazu wurde das Triebwerk der Straßenversion M III D (Hub/Bohrung 75/86 Millimeter, 31PS aus 435 ccm) samt Ducati-typischer Zwangssteuerung der Ventile verpflanzt in ein neues, verstärktes Fahrgestell mit kürzerer Schwinge. Das 21-Zoll-Vorderrad führte eine Marzocchi-Crossgabel, ein sportliches Solositzpolster und allerlei Kunststoff-Teile unterstrichen den speziellen Einsatzzweck. Für maximalen Vortrieb gab's noch einen lauten, aber leistungsfreundlichen Auspuff ohne PS-schluckenden Schalldämpfer. Auf Cross-Kursen war für die 450 R/T benannte Duc kein Blumentopf zu gewinnen, ein wenig besser sah's schon bei den typisch amerikanischen Langstrecken-Enduro-Wettbewerben aus.

Speziell für Geländesport-Veranstaltungen modellierte man bei Ducati einen Ableger, die Version 450 T/S. Letztere war nichts anderes als eine Mischung aus R/T-Basis und Zugaben der Scrambler 450, deren Instrumente und Auspuffanlage die T/S erbte. Waren die R/T und T/S schon optisch auf Offroad-Einsätze ausgelegt, so wandte sich die zahmer gestylte Scrambler 450 mit Doppelsitzbank, Soziusrasten und Schutzblech direkt über dem Vorderrad eindeutig an Asphalt-Artisten mit Feeling für den nicht nur wegen des weit geschwungenen Lenkers ganz eigenen Scrambler-Look.

Nun, die »ragazzi« wußten Design und Ausstrahlung der Scrambler augenscheinlich zu schätzen, schließlich fand diese inklusive ihrer 250er- und 350er-Schwestern Anfang der Siebziger »reißenden Absatz« in Italien. In Deutschland indes führten die Scrambler, wie andernorts in Europa übrigens auch, ein Schattendasein, das Hauptaugenmerk lag klar auf den sportlichen Straßen-Varianten Mach III und Desmo. Ob den Ducati-Scramblern hierzulande allerdings durchschlagender Erfolg beschieden gewesen wäre, bleibt ungewiß. Damals war die Fertigungsqualität in Bologna noch nicht auf dem Stand von heute, zudem verloren die Motoren durch die notwendig gewordene Geräuschdämpfung stark an Temperament – ein Schicksal, das sie durchaus mit anderen motociclis aus bella Italia teilten: Auf nur 22–24 PS schätzt MOTORRAD-CLASSIC-Redakteur Stefan Knittel die Motorleistung der 140 Kilo leichten Scrambler 450.

Einer weiteren Verbreitung stand zudem die aufwendige Motortechnik entgegen, die Gelegenheitsschrauber schlicht überforderte: »Der an sich übersichtliche und kompakte technische Aufbau bringt in der Praxis große Probleme mit sich. Zahlreiche Justierungen per Distanzscheiben sind nötig, vor allem am Ventiltrieb, und die verlangen nach einer erfahrenen Hand mit Meßwerkzeug und nach peinlich genauem Arbeiten.«

Eine nicht spannungsfreie Zusammenarbeit zwischen Ducati Mecchanica, Bologna, und dem Importeur Fritz Alexander sorgten überdies für zusätzliche Hemmnisse. In einem offenen Brief beklagte Alexander 1975, mittlerweile von Ducati getrennt, die gegenüber deutschen Homologationsbedürfnissen in der Vergangenheit mangelnde Sensibilität der Italiener: »Ducati hat sich jahrelang darauf verlassen, daß wir es in Deutschland »schon machen« und zusehen würden, wie wir alles Gutachten-gerecht hinbekämen. ... Der TÜV war gnädig und gab lange Übergangsfristen; aber nun setzte er einen Punkt, und das mit Recht.«

Als Alexander seinem Herzen Luft machte, waren Scrambler und Singles schon ein Stück Vergangenheit. In Bologna hatten die Verantwortlichen bereits die Weichen in Richtung Reihenzweizylinder à la GTL 350 und 500 gestellt, deren Nockenwelle, ein Novum, per Kette angetrieben wurde. So blieb es anderen überlassen, den Viertakt-Einzylinder-Faden wiederaufzunehmen.

Die Dampfhammer-Gemeinde jedenfalls erlebt Mitte der Siebziger nicht nur einen absoluten Tiefpunkt, sondern gleichzeitig auch die Wiederauferstehung einer Tradition. Aus englischen und italienischen Ruinen entsteigt wie ein Phönix aus der Asche die Yamaha XT 500. Vorher jedoch sammelt auch das japanische Werk seine eigenen Scrambler-Erfahrungen. Ein breiter Lenker, hochgelegte Auspuffe, geschrumpfte Sitzbank, dazu ein C in der Typenbezeichnung – mehr braucht es nicht, um in den Sechzigern aus Zweizylinder-Straßenzweitaktern Scrambler zu stricken. Klar, daß bei solch mäßigen Modifikationen im Gelände keine großen Sprünge zu machen sind.

Das ändert sich 1968 mit der DT-1, der ersten Enduro überhaupt. Das Zwei-Zentner-Leichtgewicht mit 250er Einzylinder-Zweitaktmotor ist weder ein auf Gelände getrimmter »Streetfighter« noch ein mäßig modifiziertes Moto-Cross-Modell, sondern eine Neuentwicklung mit zwei gleichstarken Seelen im Fahrgestell. »Die meisten Käufer von Motorrädern, die sich für Gelände-Ausflüge eignen, sind schlicht und einfach Leute, die der Hetze des Alltags entfliehen wollen«, ist 1968 in CYCLE WORLD zu lesen. Und die wollen kein permanent steigendes Vorderrad, sondern ein Motorrad mit bequemer Sitzposition und ausreichend langem Radstand. Zusätzlich ist auch sportliche Eignung gewünscht, schließlich stehen Offroad-Wettbewerbe hoch im Kurs. Yamaha erfüllt diese US-spezifischen Wünsche mit der DT-1, einer Neuentwicklung, die voll den Nerv der Ami-Biker trifft. Der Motor bietet ein breites Leistungsband, per Tuning-Kit kann die Power von 22 auf 30 PS gesteigert werden. Ein für seine Zeit formidables Fahrwerk schafft ebenfalls Freu(n)de. Die US-Boys fliegen auf die DT-1, von der auch eine »nackte« Cross-Version aufgelegt wird. Yamaha jedenfalls kommt mit der Lieferung kaum nach. Verständlich, daß die Japaner den eingeschlagenen Erfolgsweg weiter verfolgen und der ersten DT eine Modellreihe folgen lassen. Sieben Jahre später beweist die Yamaha Motor Corporation dann erneut Gespür für ein richtungsweisendes Konzept – die XT-Generation kommt.

Auf dem Sprung in eine verheißungsvolle Zukunft: Die Yamaha XT 500 betritt 1975 die Biker-Bühne.

Bingo, Yamaha:
Der Knüller von Las Vegas

Ein Aufschrei geht im Herbst '75 durch die internationale Motorrad-Presse. Auf dem Salon von Las Vegas steht er, schwarz, kompakt, mit klassischem Flair. Nein, er ist kein Phantom, weder Schimäre noch Fata Morgana, sondern reineweg real bis hin zu seinen silbern glänzenden Rippen. Yamaha hat ihn, zeigt ihn, verkauft ihn, einen funkelnagelneuen 500er Eintopf mit obenliegender Nockenwelle und zwei Ventilen.

Daß der Dampfhammer in den USA der Öffentlichkeit präsentiert wird, hat gute Gründe. Nordamerika ist für die japanischen Motorradhersteller der mit Abstand wichtigste Absatzmarkt. Und den scheinen Yamahas Marketing-Strategen genauestens studiert zu haben. Die dortige Beliebtheit geländegängiger Viertakt-Singles jedenfalls dürfte ihnen nicht verborgen geblieben sein. So fällt die Yamaha-Spitze 1974 eine denkwürdige Entscheidung: Der Entwicklungsabteilung wird mit der Aufgabe betraut, einen Halbliter-Viertakt-Eintopf auf die Räder zu stellen. Genau gesagt sind es die Herren Okano (Motor) und Ohshiro (Fahrwerk), in deren Händen das Unternehmen mit dem geheimnisvollen Codenamen 043A liegt.

Sie dürfen gleich zwei Versionen auf die Räder stellen, denn Yamaha holt zum Doppelschlag aus – ähnlich wie es Ducati und Velocette mit ihren Scramblern und das japanische Unternehmen selbst mit der DT-1 schon vorexerziert haben: Der auf amerikanische Anforderungen ausgelegten Cross-Version TT 500 C wird das für Europa vorgesehene Enduromodell XT 500 C zur Seite gestellt.

Nach Bewältigung diverser Geburtswehen, in deren Verlauf so manche Motorinnereien verschrottet werden, muß zu Beginn des Jahres '75 ein Prototyp unter verschärften Praxisbedingungen seine Zuverlässigkeit beweisen: Er schluckt den Staub amerikanischer Sandbahn-Ovale. Die »Dirt-Track«- Reifeprüfung übersteht der japanische Single mit Bravour, die Produktion darf anrollen. Auf heimischem Terrain startet im Februar 1976 der Verkauf, 370.000 Yen kosten die ersten Exemplare.

Die Überraschung gelingt, die Fachwelt steht Kopf. »La bombe du Salon à Las Vegas« und »Super XL« überschlagen sich die Journalisten von MOTO VERTE, dem französischen Motorradmagazin für die Offroad-Klientel. Angesichts dieses Viertakt-Coups werden in Frankreich erste programmatische Überlegungen angestellt. Die Neuerscheinung bestätige die Befürchtungen japanischer Konstrukteure angesichts amerikanischer Emissionsgesetzgebung, die in baldiger Zukunft die Zweitakter schwer treffen könne, mutmaßt MOTO VERTE nicht ganz zu Unrecht. In ein ähnliches Horn stößt man auch in Stuttgart. Aufgrund der Fülle der Nippon-Newcomer, schließlich präsentiert Yamaha dem staunenden Premierenpublikum in Vegas zur XT/TT auch das Straßentrio XS 360, XS 500 und XS 750, sehen die MOTORRAD-Macher das künftige Schwergewicht des Yamaha-Programms ebenfalls bei den Viertakt-Modellen. Die XT 500 wird zu diesem Zeitpunkt noch kurz und knapp abgehandelt, das soll in den nächsten Jahren die Ausnahme bleiben. Ein kleines Foto auf der letzten Seite des Artikels und zwanzig dürre Zeilen zur Spezifikation, mehr gibt's (noch) nicht für die deutsche Leserschaft. Wer ahnt in Las Vegas auch schon, was für ein grandioser Glücksgriff Yamaha mit ihrer Viertakt-Einzylinder-Enduro-Initiative ins Haus steht? Und welch dankbares Dauerthema da den Redakteuren auf die Schreibtische flattert...

Die XT erobert die Bundesrepublik

Ein Jahr Probezeit: Umrüstung der US-Version

Im Jahr nach der Vorstellung in Vegas fällt auch in Deutschland der Vorhang: Yamaha präsentiert im Rahmen der Internationalen Fahrrad- und Motorradausstellung im September 1976 die XT 500 in Köln. Den ersten Applaus allerdings gibt's schon im Frühjahr, als Fachjournalisten eine US-XT in der Nähe von Aachen über Acker und Asphalt scheuchen. Einen »unverwechselbaren« Charakter attestieren ihr hernach, augenscheinlich angetan, die Herren Limmert und Braun von MOTORRAD. »Dampframme« formulieren forsch die Kollegen von PS und nennen damit das Yamaha-Kind beim Namen. Alle sind sich darin einig, daß der urige Eintopf in eine Marktlücke stößt – eine hubraumstarke Enduro mit kräftigem Antritt aus dem Drehzahlkeller, solch ein Modell fehlt einfach.

Schließlich läßt die Mehrzweck-Motorradgilde 1976 noch mehrheitlich Zweitakttöne hören, abgesehen einmal von den Honda-Modellen XL 125 (13 PS, 2.851 Mark) und 250 (20 PS, 3.818 Mark). Weiteres Manko: Die meisten Maschinen sind doch etwas schwach auf der Brust. Kawasaki beispielsweise ist mit der kleinen KE 125 (10 PS, 2.851 Mark) vertreten, von Suzuki gibt's die TS 125 (13 PS, 2.860 Mark) und 250 (19 PS, 3.870 Mark). Yamaha schließlich hat ein Trio im Programm, bestehend aus DT 125 E (11 PS, 2.780 Mark) sowie den zweieiigen Schwestern DT 250 (20 PS, 3.600 Mark) und 400 (25 PS, 3.875 Mark), die im großen und ganzen nur der Motor unterscheidet.

Doch selbst die bullige, im unteren Drehzahlbereich aber wenig geschmeidig laufende Vierhunderter entwickelt nur ein Drehmoment von 33 Nm bei 5.250 U/min, nicht einmal 19 Nm sind's bei der Honda XL 250. Unerreicht dagegen ist in diesem Moment die (offene) XT 500, nicht nur, was den Preis von 4.995 Mark betrifft. Spitze ist die XT auch in der Disziplin Drehmoment. Mit knapp 40 Nm bei 5.500 U/min steht sie weit besser im Futter als die gesamte Konkurrenz.

In der Praxis entfaltet das nüchterne Zahlenspiel eindrucksvolle Erlebnisse: »Mit diesem Motor macht es Spaß, mit 1.500 U/min so ›put-put‹ durch die Gegend zu tuckern. Ab dieser Drehzahl nimmt er auch schon sauber Gas an, und bei 2.500 U/min kann der Schieber voll geöffnet werden – allerdings ist dies mit Vorsicht zu genießen, da durch das entwickelte Drehmoment das Vorderrad steigt!«

Als Ergebnis ihrer ersten Erfahrungen stellen die MOTORRAD-Mannen eine durch und durch hoffnungsvoll stimmende Prognose: »Was Honda mit der XL 250 und 350 begann, findet in der XT von Yamaha vorläufig seine Krönung. Die Freunde altenglischer Motorradbau-Zunft wittern Morgenluft.

Dank ihrer auffällig verlegten Auspuffanlage ist die Ur-XT einfach zu identifizieren.

Im Frühjahr/Sommer 1976 kommen die ersten Yamaha XT 500 nach Deutschland.

Der Trend nach gesunder Leistung aus viel Hubraum ist damit eingeleitet. Die Dampfhämmer kommen wieder.«

Ungeachtet der verheißungsvollen Aufnahme in Journalistenkreisen ist man bei Mitsui anfangs noch zurückhaltend. »Ich würde sagen, daß die XT im ersten Jahr ein Versuchsballon war«, erinnert sich Walter Meier, Leiter der Homologationsabteilung von Yamaha-Importeur Mitsui in Löhne, an den Verkaufsstart der dicken Enduro. Meier selbst ist von Beginn an Feuer und Flamme für den Viertakt-Brummer. Infiziert vom Ballermann-Bazillus, ergattert er eine der ersten XTs, die nach Deutschland kommen: »Das war's. Ganz was anderes eben. Uriges Antreten, uriges Fahren.«

Außergewöhnlich verläuft auch der Beginn der XT-Karriere in der Bundesrepublik. In Ermangelung einer auf den deutschen Markt zugeschnittenen Variante müssen 1976 noch notgedrungen US-XTs von den Händlern entsprechend der StVZO umgerüstet und per Einzelabnahme zugelassen werden. Die dazu notwendigen Umbausätze stellen die Mitsui-Techniker in Löhne zusammen. Sie enthalten neben Beleuchtungsartikeln (Scheinwerfereinsatz, Blinker hinten, Rückleuchte und -strahler) und weiterer Elektronik (Kerzenstecker, Blinkrelais) unter anderem Kennzeichenhalter, Lenkschloß, Seitenständer, Soziusrasten, Schutzblech hinten sowie den unerhört wichtigen, weil in den Augen des Gesetzes unverzichtbaren – 650 mm langen und 27 mm breiten – Sitzbankriemen.

Mitte Mai erhalten die Yamaha-Vertretungen Nachricht, daß Mitsui für die US-Version – Typ-Nummer

In Ermangelung einer auf den heimischen Markt zugeschnittenen XT-Variante werden 1976 notgedrungen noch 173 US-XT's umgerüstet.

»1 E 6« – ein Mustergutachten hat erstellen lassen und die benötigten Austauschteile bestellt werden können. Um erste Eintopf-Kunden nicht warten zu lassen, wird außerdem eine Unbedenklichkeitsbescheinigung ausgestellt. Aus der geht hervor, daß nach entsprechender Umrüstung die eingedeutschte XT den StVZO-Auflagen genügt. Schließlich dauert es erfahrungsgemäß so seine Zeit, bis das Mustergutachten bei allen TÜV-Dienststellen vorliegt. Die Unbedenklichkeitsbescheinigung beinhaltet übrigens – amtlich verbrieft – die wichtigsten technischen Werte der Ur-US-XT: Genau 33 DIN-PS bei 6.300 U/min registrieren Mitarbeiter der Technischen Prüfstelle für den Kraftfahrzeugverkehr in Hannover im Rahmen der Typprüfung für den 499-ccm-Motor. Als Höchstgeschwindigkeit der leer 146 Kilo wiegenden Enduro (170 kg dürfen draufgepackt werden) ermitteln die TÜV-Techniker 133 km/h. Im Stand blubbert der wohlklingende Single mit 75 dB(A) vor sich hin, einmal in Fahrt, schwillt die XT-Geräuschkulisse auf insgesamt 84 dB(A) an.

Der 76er Jahrgang ist heute eine gesuchte Rarität, schon wegen der markanten Linienführung der Auspuffanlage. Die nämlich kroch damals noch eng am Rahmen entlang, den Motorblock umrundend.

Auch aus einem anderen Grund gehören Maschinen des Typs »1 E 6« in die Abteilung »begehrte Sammlerstücke«: Nur sie wurden von Mitsui Deutschland mit voller Leistung, das heißt mit 33 PS, freigegeben. »Im Moment erleben wir im Zuge der 34-PS-Neuregelung wieder eine verstärkte Nachfrage nach einer offiziellen Betriebserlaubnis für die offene Variante«, so Walter Meier. Ein erfolgloses Unterfangen, denn eine Freigabe für offene XTs wird's nicht geben, schon wegen unzulässiger Phonwerte nicht.

Die »deutsche« XT 500: Homologation mit Hindernissen

Insgesamt 173 XTs mit US-Code »1 E 6« kommen 1976 nach Deutschland. Während sie umgerüstet werden und auf ihre Käufer warten, kümmern sich hinter den Verkaufskulissen schon die Techniker der Niederlassung in Löhne um die Homologation der Europa-Version, die den Typ-Code »1 U 6« trägt. Mit Blick auf die kommende Neustrukturierung der Versicherungstarife, der Einteilung in Hubraum-Kategorien folgt eine Einstufung in PS-Klassen, wird die deutsche XT-Ausführung mittels eines geänderten Ansaugstutzens gleich auf versicherungsfreundliche 27 PS gedrosselt.

Dagegen haben die zuständigen Herren des Kraftfahrtbundesamtes in Flensburg natürlich nichts einzuwenden, als sie am 27. 8. 1976 im Laufe des Verfahrens zur Erteilung einer Allgemeinen Betriebserlaubnis ihre strengen Augen auf eine XT 500 der »1 U 6«-Serie richten. Moniert aber werden die scharfkantigen Schrauben der Gabeljochklemmung, die Scheinwerferaufhängung, weil sie die 35-Watt-Leuchte ungenügend fixiert, sowie die Auspuffmündung.

In ganz Europa, ob in Frankreich, Italien, Holland, Belgien, der Schweiz, Schweden und Dänemark, nirgendwo stößt der serienmäßige Schalldämpfer auf Kritik. Ausgenommen in Flensburg. »Die Auspuffmündung muß so verlegt bzw. umgestaltet werden, daß die Auspuffgase frei austreten können und nicht gegen die Kennzeichenbefestigungsplatte geleitet werden«, bemängeln die Bundesbeamten dort. Ihnen ist drohende Verschmutzung oder gar Beschädigung des Kennzeichens, oder besser Kuchenblechs, ein Dorn im Auge.

Widerrede zwecklos, also geht's in Löhne ans Werk. Die Lösung ist ein zusätzliches Röhrchen, das den Gasen eine andere Richtung gibt. Nur welche? »Es ist eigentlich verboten, Auspuffgase nach rechts abzuleiten, weil dort Fußgänger gehen. Andererseits gab's damals die Regelung, daß ein Auspuffendrohr nicht nach unten gerichtet sein darf, damit kein Staub aufgewirbelt wird. Da hat das KBA aber bestimmt, daß bis 45 Grad nach unten nicht als nach unten gerichtet anzusehen sei. Daraus wiederum hat unser TÜV-Mann geschlossen, daß eine Ableitung bis 45 Grad nach rechts auch noch nicht als nach rechts gerichtet gelten dürfe«, erläutert Walter Meier die hausinterne Philosophie in Sachen Auspuffgeometrie. Als Ergebnis feinsinniger Dreisatz-Denkanstrengungen bekommt der Schalldämpfer besagtes Röhrchen verpaßt, das nun, genau, alle Gase im 45-Grad-Winkel verpuffen läßt. So weit, so gut. Der auf diese Weise abgeänderte »Silencer« erhält die ABE und schmückt das XT-Baujahr '77, womit die Geschichte eigentlich ihr glückliches Ende finden könnte. Tut sie aber nicht. Irgendwie kommt die Sache nämlich dem nordrhein-westfälischen Minister für Wirtschaft, Mittelstand und Verkehr zu Ohren, oder besser, vor Augen. Der wiederum sorgt sich um seine Bürger, insbesondere die Fußgänger unter ihnen, die er durch den XT-»Abgasstrahl« belästigt sieht. Um die Befürchtungen der Ministerialbeamten zu zerstreuen, läßt Mitsui beim TÜV Hannover umfangreiche Versuchsreihen durchführen. Dazu wird ein mit Drähten bespannter Gitterrahmen von 80 cm Kantenlänge in unterschiedlicher Entfernung hinter der Auspuffmündung postiert. An den Drähten wiederum sitzen 80 Wollfäden, die vom Emissionswind unterschiedlich stark verweht werden, abhängig von der Drehzahl. Die Ergebnisse ihrer Experimente halten die TÜV-Ingenieure auf Fotos fest, zur besseren Visualisierung wird sogar ein Super 8-Schmalfilm gedreht.

Nach Auswertung der Versuchsreihen sieht der niedersächsische TÜV die Bedenken des nordrhein-westfälischen Ministeriums als nicht gerechtfertigt, der »Abgasstrahl« erweist sich in Wirklichkeit nämlich als laues Lüftchen. »Nur ein sehr aufmerksamer Fußgänger auf dem Bürgersteig rechts neben dem Motorrad wird den ›Abgasstrahl‹ bemerken, da weder Temperatur noch Strömungsgeschwindigkeit auffällige Werte annehmen«, heißt es in einem Schreiben, das im Dezember 1977 an das Kraftfahrtbundesamt geht.

Umsonst. Das KBA sieht die Einwände nicht ausgeräumt. Amen und aus. Also wird in Löhne wieder nachgedacht und -gebessert und die Auspuff-Ausgabe Nummer drei aus der Taufe gehoben. Die ziert ein s-förmiges Röhrchen, das die Abgase nun seitlich am Kennzeichen vorbeiströmen läßt. Im Sommer '78 absolviert der Schalldämpfer die TÜV-Typprüfung und zerstreut letztlich auch die Bedenken der Bundesbehörde. Und die Moral von der Geschicht'? Pferden schaut man zur Bestimmung des Alters ins Maul, einer XT aufs Endrohr…

Wer nun meint, alle Homologations-Hindernisse seien hiermit überwunden, befindet sich auf dem Holzweg. Auch die mit Bedacht flexibel aufgehängten Blinker – im Falle eines Falles erspart diese Lösung dem Kunden immerhin den Griff ins Portemonnaie und damit teuren Ersatz – stößt dem KBA sauer auf. »Das wollten die Behörden anfangs nicht schlucken. Wir mußten darum kämpfen, daß wir das per Ausnahmegenehmigung freikriegten«, weiß Walter Meier.

Noch heißer glühen die Telefondrähte zwischen Flensburg, Hannover und Löhne, als das KBA bei der Überprüfung des Gutachtens des TÜV Hannover zum Typ »1 U 6«, ein solches geht der Ausstellung einer Allgemeinen Betriebserlaubnis voraus, über den Punkt Bereifung stolpert. Ursprünglich

Rarität: Dieser Auspuff zierte allein den 76er XT-Jahrgang vom Typ »1 E 6«.

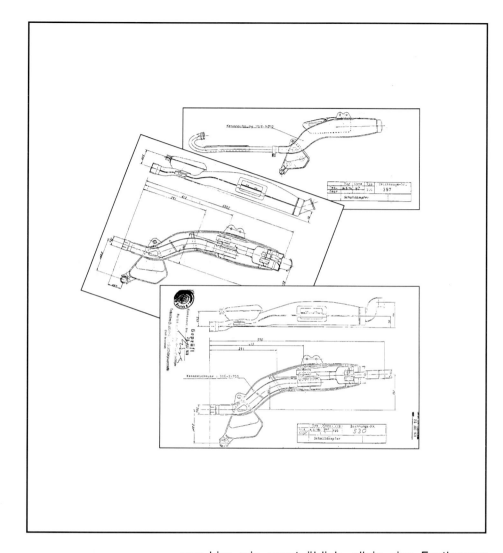

Behörden-Bedenken: Zweimal mußte der Auspuff geändert werden, erst dann gab das KBA seinen Segen für die »1 U 6«-Serie.

war hier, wie sonst üblich, allein eine Festlegung der Reifengrößen vorgesehen. Doch in Flensburg stellt man fest, »daß bei bestimmten Reifen eines Herstellers, die unglücklicherweise die Bezeichnung ›Enduro‹ trugen, obwohl es sich um reine Motocrossreifen handelte, die Höchstgeschwindigkeit für den Straßendauerbetrieb auf 90 km/h begrenzt war«, so wiederum Mitsui-Mann Meier.

Da offensichtlich ein Opfer der Enduro-Sprachverwirrung, verweigern die um die Sicherheit der Biker besorgten Sachbearbeiter die Allgemeine Betriebserlaubnis. Mitsui bleibt in diesem Moment nichts anderes übrig, als zusammen mit dem begutachtenden TÜV nach einem Ausweg zu suchen – schließlich soll der XT-500-Rubel ja möglichst bald rollen. In Diskussionen mit der Abteilung Typprüfung werden in der Folgezeit verschiedene Alternativen erwogen. Die erste, ein Kompromiß auf kleinstem gemeinsamen Nenner, dokumentiert das Austauschblatt vom 22. 2. 1977. Das vermerkt unter Punkt 6.3.14 – und das ist kein Scherz – folgende »weitere Angaben«:
1) Die angegebenen Reifen haben serienmäßig ein Profil, das Pkw-M+S-Reifen entspricht.
2) Die Reifen sind laut Anmerkungen in Reifenkatalogen nicht für Straßendauerbetrieb mit z.Z. mehr als 90 km/h geeignet.
3) In Anlehnung an § 36 (1) Satz 2 und Ziffer 1 der StVZO wird ein dauerhaft angebrachtes Schild im Blickfeld des Fahrzeugführers mit folgender Aufschrift vorgeschlagen: »Bei Straßendauerbetrieb Höchstgeschwindigkeit maximal 90 km/h«.
Klar, daß weder Mitsui noch Yamaha sich auf Dauer mit diesen einschneidenden Erklärungen von geschäftsschädigendem Charakter zufrieden geben können und wollen. In diesem Augenblick dokumentiert das erste Austauschblatt nicht mehr als einen ersten Schritt im zähen Ringen um die Erteilung der so wichtigen ABE.
Immerhin liegen seitens Bridgestone wie auch Yamaha Unbedenklichkeitsbescheinigungen vor, aus denen hervorgeht, daß die Serienbereifung sehr wohl Topspeed-tauglich ist. Auf ein neues also, die zweite Runde im Reifen-Disput wird eingeläutet. Ziel ist der Knockout für das auf Mißverständnissen beruhende Tempo-Limit. Das nächste Austauschblatt trägt den realen Verhältnissen schon eher Rechnung und stellt unter 2) klar, daß für die

Eine Empfehlung für »Sandkasten-Spiele«: Michelin Desert. Damit der Pneu paßt, wurden die Außenstollen gekappt...

Die XT 500 ist das erste nach Deutschland importierte Yamaha-Modell, dessen ABE eine Reifenbindung beinhaltet. Im Gegenzug fällt die 90 km/h-Einschränkung weg.

Doch auch jetzt kommt die Pneu-Politik noch nicht ganz zur Ruhe. Fahrversuche wie Weiterentwicklungen führen im April 1979 zu einer erneuten ABE-Änderung. So führt das Gutachten »zur Erteilung eines Nachtrags zur ABE-Nr. A 263« neben der Bridgestone-Bereifung auch das Fabrikat IRC-Trials auf, für das inzwischen ebenfalls eine Freigabe für Geschwindigkeiten bis 150 km/h vorliegt. Eine weitere wichtige Neuerung betrifft die Verwendung von Straßenreifen der entsprechenden Größen, die nach erfolgreichen Praxistests uneingeschränkt verwendet werden dürfen.

Fünf Jahre später muß der Punkt »6.3. Räder und Bereifung« ein letztes Mal redigiert werden. Die Mitsui Maschinen GmbH gibt nun auch Trial- und Geländereifen anderer als der bisher genannten Hersteller frei, unter der Voraussetzung freilich, daß diese für Straßendauerbetrieb bis mindestens 150 km/h zugelassen sind. Zusätzlich müssen diese »Schlappen« beim TÜV eingetragen werden. Immerhin, die Reifenbindung kann endlich entfallen.

angegebene Bridgestone-Bereifung eine Bestätigung von Yamaha hinsichtlich des uneingeschränkten Einsatzes bis zu einer Geschwindigkeit von 150 km/h vorliegt. Was allerdings Reifen anderer Hersteller betrifft, so bleibt es bei dem Eintrag, daß diese für Dauertempi über 90 km/h nicht geeignet seien. Sollten solche montiert werden, wird weiter die Anbringung eines Warnschildes (s. o.) empfohlen.

Auch diese Version stößt in Löhne verständlicherweise nicht auf uneingeschränkte Gegenliebe. Am Ende des Reifen-Ringens steht ein Kompromiß und den Yamaha-Vertreibern eine Neuerung ins Haus:

Riesige Resonanz: Die XT wird zum Bestseller

Auflagen und Änderungsanweisungen deutscher Behörden mögen der Yamaha XT 500 in Details ein anderes Gesicht geben – es sind Details, mehr nicht. Der grundsätzliche Charakter dieses Motorrades wie auch sein ungeheurer Erfolg bleiben davon unangetastet.

Die steile Karriere der XT beginnt sich schon bald abzuzeichnen. Vorbote spielt die Wahl zum »Motorrad des Jahres 1976«, ausgerichtet von der Zeitschrift MOTORRAD. In der 60 Maschinen umfassenden Auswahlliste von Heft 23 findet sich natürlich auch Yamahas Enduro-Kracher wieder. Über 55.000 Leser werden sich an der Ausscheidung beteiligen und die Namen ihrer Lieblingsmotorräder – zwei Stimmen sind möglich – einsenden. Die gesammelten Ergebnisse folgen in Heft 1/77, mit einer Ausnahme: Das Resultat der XT 500 wird schon eine Ausgabe zuvor verraten, wohl aufgrund der riesigen Resonanz, die der Nippon-Newcomer gefunden hat. So läßt sich im Zusammenhang von Kurztests von 27-PS-Motorrädern in MOTORRAD 26/76 folgendes XT-Fazit lesen: »Und wenn sie so oft gekauft wird, wie sie in unserem Preisausschreiben gewählt wurde, könnte sie der Knüller des Jahres 1977 werden: Die XT 500 liegt in der 500er Klasse an sicherer zweiter Stelle.«

Nur Konkurrenz aus eigenem Hause in Form der XS 500 schnappt der XT mit genau 29 Stimmen Vorsprung den Klassensieg weg. Letztere landet in der Endabrechnung auf einem beachtlichen 13. Rang, immerhin 2.166 Lesern schmeckt der Japan-Eintopf offenbar besonders gut. Auf den ersten elf Plätzen liegen übrigens ausnahmslos Maschinen mit 750 und mehr Kubik, angeführt von der siegreichen BMW R 100 RS und den nächstplazierten Kawasaki Z 1000 und der MV Agusta 900 S Arthuro Magni. Unter den Enduros aber ist die XT 500 die ungekrönte Königin, hier folgt, weit abgeschlagen, die XL 250 mit 425 abgegebenen Stimmen auf Platz zwei.

Natürlich darf ein gutes Abschneiden bei der Wahl zum Motorrad des Jahres nicht mit einem Freibrief für Erfolg auch auf ökonomischer Ebene verwechselt werden. Das Wankel-Konzept – auch ein Beispiel für die Aufbruchsstimmung in der Motorradindustrie Ende der 60er, man denke nur an die Suzuki RE 5 oder den Herkules-»Staubsauger« – der fünft-

XT goes GS: Kurt Tweesmann läßt's hier so richtig krachen. Die XT überstand auch solche Hetzjagden.

plazierten Van Veen OCR 1000 etwa wird nie richtig zum Laufen kommen. Bereits zwei Jahre nach Serienanlauf ist der Van Veen'sche Wankeltraum schon wieder ausgeträumt.

Im Fall der Yamaha XT 500 ist das jedoch anders, hier stehen Publikumsentscheid und Verkaufsergebnis im Einklang miteinander. Der Achtungserfolg bei der Leserkür mausert sich zu einem von vornherein kaum für möglich gehaltenen Kassenschlager: 2.005 XTs bringt Mitsui 1977 unter die Leute. Damit nicht genug. Der enorme Widerhall, den die japanische Wiedergeburt des 500er-Viertakt-Einzylinders erfährt, setzt sich bei der »Wahl zum Motorrad des Jahres 1977« fort. Diesmal schießt die Enduro sogar unter die Top Ten, als einziges Motorrad unter einem Dreivierteliter Hubraum wohlgemerkt. Insgesamt 5.675 Stimmen sichern der XT Platz zehn und den Respekt der MOTORRAD-Mannschaft: »Für die Redaktion doch etwas überraschend kam das hervorragende Abschneiden der Yamaha XT 500 auf Platz zehn, wobei sie Maschinen wie die Münch, die Gold Wing oder die Laverda hinter sich ließ.« Einsam an der Spitze rangiert Yamahas Single-Sproß wieder einmal bei den Enduros, mit einem Riesenabstand folgt Hondas XL 250 mit 416 Stimmen auf Platz zwei. Im nächsten Jahr legt die XT weiter zu und sammelt 7.977 Stimmen ein. In der Endabrechnung aber muß sie dem gerade erst erschienenen Straßenableger SR 500 den Vortritt (Platz 8 mit 14.563 Stimmen) lassen und sich diesmal mit Rang 15 bescheiden. Dafür geht der Enduro-Siegerkranz zum dritten Mal in Folge an die XT 500. Zählt man die Anteile von SR und XT zusammen, hätte Yamahas großer Single-Wurf sogar einen Platz auf dem Treppchen verdient gehabt. Mit insgesamt 22.540 Stimmen nämlich hätte es hinter den Sechszylinder-Schwergewichten CBX und Z 1300 und noch vor den Tourern Suzuki GS 850 E und BMW R 100 RT zu einem respektablen dritten Platz gereicht.

Aber auch so ist die Freude bei Hersteller und Importeur groß, schließlich avanciert der Ballermann in der Bundesrepublik ja zum Bestseller. Zwischen 1977 und 1982 erlebt die Verkaufskurve einen Höhenrausch ohnegleichen, permanent pendelt sie über der 2.000-Stück-Marke. Ihr Maximum erreicht sie 1981, als 4.160 XT 500 neu zugelassen werden. Bis dahin auch haben sich Absatzzahlen Saison für Saison kontinuierlich steigern lassen: von 2.120 im Jahr der SR-Einführung über 3.053 und 3.581 anno '79 und '80 bis eben zum Höchststand im Jahr darauf. Eine ähnliche Entwicklung erlebt auch der französische Markt, der in der Sparte Enduro-Erzeugnisse europaweit tonangebend ist. Genau 1.489 Einheiten des »gros mono« aus Japan finden 1977 zwischen Nantes und Nizza ihre Käufer. Im Jahr darauf holen sich 1.511 »motards« eine neue XT bei ihrem Yamaha-Händler ab. Dann explodieren die Absatzzahlen plötzlich, 1979 sind es schon 2.400 verkaufte Monos mit XT-Emblem, 1980 sogar fantastische 4.000.

Die Ursache der so plötzlich anschwellenden Welle der Begeisterung für den simplen Single ist nicht schwer zu lokalisieren. Es sind die publizitäts- und promotionträchtigen Afrika-Rally-Erfolge von Cyril Neveu, Michel Merel und Gilles Comte und Co., die der XT500 bei den Motorsport-verliebten Franzosen Anfang der 80er höchste Anerkennung bescheren. Mit zunehmender Konkurrenz aus eigenem Hause (1982 erscheint die XT 550, 1983 die legendäre XT 600 Z »Ténéré«) wie auch in Gestalt der Honda XL 500 R und Suzuki DR 500 sinkt die Zahl der XT-Getreuen allerdings – und das recht schnell. Zwar finden 1981 noch 2.685 XT 500 ihren Besitzer, doch zwei Jahre später ist der Einbruch da. Kümmerliche 633 Käufer verzeichnet die 83er Zulassungsstatistik, ganze 597 sind es im darauffolgenden Jahr.

Im Vergleich zu den eher markentreuen, denn modellverbundenen Nachbarn bleibt die deutsche

Mehr Federweg, mehr Power, bessere Bremsen und Elektrik: die nachfolgende Generation – hier eine Yamaha TT 600.

Fangemeinde weit länger stabil, wenn auch auf ebenfalls verringertem Niveau. Die Einführung des »Nachfolgemodells« XT 550 bringt 1982 zwar den XT-500-Run ins Rutschen, doch die alte Dame hält mit 2.391 zu 1.495 immer noch Rang eins im Yamaha Viertakt-Enduro-Rudel. Das interne Kräfteverhältnis ändert sich auch 1983 nicht, wieder liegt die XT 500 vor der XT 550, diesmal mit 1.915 zu 1.746 verkauften Exemplaren. Erst 1984, wir schreiben mittlerweile das achte Produktionsjahr der Serie »1 U 6«, ist der Siegeszug der Moderne im Enduro-Lager nicht mehr aufzuhalten. Die XT 600 schafft, wozu die 550er nie fähig war, nämlich den XT-Urahn zu überflügeln. Es sind allerdings nur 18 Maschinen die am Ende des Jahres die Sechshunderter (1.113) von der Fünfhunderter (1.095) trennen, die Ténéré-Verkäufe (694) nicht mitgezählt. Weitere 24 Monate hält sich der XT 500-Absatz knapp über der 1.000er Schallgrenze (1985: 1.023, 1986: 1.056), bis schließlich zum Ende der Produktion des Platzhirsches auch diese Marke unterschritten (1987: 691, 1988: 764) wird. Ende der 80er rollt der »Longseller« zum letzten Mal vom Band, die Verkäufe in Deutschland aber ziehen sich noch bis in die Neunziger (1989: 636, 1990: 219) hin. Als 1991 dann die allerletzten neun »Mohikaner« ihr Händler-Wigwam verlassen, schließt sich das Statistik-Kapitel über der XT 500. Summa summarum verkauft sich der Trendsetter allein in Deutschland fast 25.000mal, in Frankreich bringt es der Dampfhammer-Dauerbrenner auf stolze 17.374 Einheiten.

Das Geheimnis des Erfolgs: Aura, Ausdauer, Abenteuer

Als Yamaha 1975 die XT 500 vorstellt, stößt sie zweifelsohne in eine Marktlücke. Die Zeit der englischen und italienischen Halbliter-Eintöpfe ist passé, nicht aber die generelle Begeisterung für den Single-Beat. Teure, technisch brillierende »big bikes« und kleine, schrille Zweitakter beherrschen die Szene. Was fehlt, ist ein sonore Töne versprühender Eintopf größeren Kalibers, ist ein markanter Charkter ohne glatte Konturen. Was fehlt, ist ein einfach aufgebautes Motorrad, das Selbstschrauber ohne Meistertitel nicht vor unlösbare Probleme stellt. Ein ebenso preiswertes wie zuverlässiges wie alltagstaugliches Aggregat, aber ohne biederen Beigeschmack, das fehlt.

Irgendwie schaffen es Yamahas Produkt-Planer, mechanische und optische Zutaten zu einer Mischung zu verarbeiten, die weltweit genau 127.446 Motorradfahrern mundet und einen, für japanische Verhältnisse jedenfalls, unerhört langen Produktionszyklus von 14 Jahren möglich macht. Natürlich müssen neben der Mixtur auch die Bestandteile stimmen. Da hat die XT 500 beispielsweise einen unerhört robusten Antrieb zu bieten, der weder Wüste noch Weite noch Höhe scheut. Simple, solide Technik eben, deren Wartung nicht allzuviel Fingerspitzengefühl und schon gar kein Spezialwerkzeug erfordert. Und keine großen Scheine. Der Ballermann schont das Sparkonto, da preiswert und im Unterhalt genügsam. Die XT 500 verkörpert beispielhaft die »neue Bescheidenheit« der 27-PS-Klasse, wirkt aber weder wie ein »Arme Leute-Motorrad« noch wie ein Langweiler. Im Gegenteil.

Die äußerliche Ähnlichkeit des schwarzen Single mit englischen Vorbildern verfehlt ihre Wirkung nicht. Das Ding hat was, sticht, obwohl Massenartikel, trotzdem aus der Menge hervor. Unüberhörbar. Unübersehbar auch. Vielleicht wegen des Enduro-Looks, wegen dieser »Ich-geh-mit-dir-durch-dick-und-dünn«-Ausstrahlung. Ganz bestimmt aufgrund der unverwechselbaren Linie – eines Designs, das sich, »plastic go home«, über die Jahre treu bleibt. Und dann ist da noch die Abenteuer-Aura, dieser Ruf der Ferne. Auf einer XT fühlt man sich immer ein bißchen wie auf dem Sprung nach Afrika, auch wenn man gerade nur die berühmten Brötchen holt. Klare Sache, die XT ist zäh. Eine Portion Ausdauer

Das Motorrad mit einem Schuß Abenteuer im Tank: XT 500.

aber verlangt sie auch von ihrem Fahrer. Autobahn-Etappen können lang werden bei die Lebensdauer fördernden Dauertempo 110 und häufigen Tankstopps. Ganz zu schweigen von den »good vibrations«, die nicht jedermanns bzw. jedfraus Sache sind. Nächtliche Einsätze gleichen Dunkelkammer-Spielen, weil die Funzel von Scheinwerfer ein dürftiges Dasein als Positionslicht führt. Paßabfahrten mit zweiter Person und/oder Gepäck haben ihren besonderen Kitzel, wenn nach der zehnten Kehre schon die Dosendeckelbremsen an Hitzewallungen leiden und nur noch coole Typen eine betont sportliche Gangart beibehalten. XT-Fahren, das ist Herausforderung von Anfang an.

Reifeprüfung: der Coup mit dem Kickstarter

Am Anfang steht Angstschweiß, keuchender Atem und ein hochrotes Gesicht. Unter Umständen auch ein geschwollener Knöchel und furchtbare Flüche. Letztere sind alle adressiert an ein ausklappbares, L-förmiges, stählernes Ungeheuer. Sein Name: Kickstarter. Seine Aufgabe: An der irdischen Pforte zum Dampfhammer-Glück harte Männer von Milchbubis zu trennen.

Die XT und ihr Startmechanismus, das ist der Stoff, aus dem Legenden gemacht werden. Im Fall der XT wurden sie es. Mehr noch, im Laufe der Jahre haben sich die Geschichten um den XT-Kickstarter zu einem einzigartigen Mythos verdichtet. Jeder gibt seine eigene Version zum besten, egal ob mit Happy-End oder ärgerlichem Ausgang, erzählt werden muß sie, wie aus einem seltsamen Zwang heraus. Kaum ein Testbericht, wo dieses tückische Thema nicht auf den Tisch kommt. Von Anfang an. Renaud Marchand, seines Zeichens MOTO VERTE-Mitarbeiter, macht da keine Ausnahme. Martialisch beginnt sein XT-Epos aus dem Jahr 1976: »Der Tag X. Meine Beine zittern ein bißchen: das ist die Nervosität vor der ersten Begegnung mit dem Monster; 140 Kilo und etwas Aluminium und Eisen, das flößt Respekt ein. Checkliste. Benzinhahn? Ok, auf ›on‹. Killschalter? Ok. Zündung? Ok. 3, 2, 1, Start. Zwei sanfte Tritte mit gezogenem Ventilausheber, und dann drei oder vier kräftigere Tritte auf den Kickstarter: Es ist vollbracht, der 500-ccm-Einzylinder setzt sich langsam in Bewegung.«

Marchand hat offensichtlich den Bogen raus, vom Thema indessen noch lange nicht genug. Ausführlich nämlich widmet er sich im weiteren Verlauf seiner XT-Arie einer speziellen Startanweisung mit theatralischem Touch, gedacht für ganz besondere Situationen. Also, Maître Marchand, legen Sie los: »Bei Kälte den Kaltstarter ziehen, dann zweimal den Kickstarter bei gezogenem Ventilausheber betätigen. Als nächstes den Kickstarter langsam hinunterdrücken, dabei die Kompression mit Bedacht und unter Zuhilfenahme des Ventilaushebers überwinden, dann diesen loslassen; Atem holen, seine Kraft auf das rechte Bein konzentrieren und mit ganzer Wucht treten. Nicht schlagartig Gas geben, sondern während des Startvorgangs den Gasgriff ganz leicht geöffnet halten, so etwa bei ein Zehntel. Das ist die männliche Methode, jene, welche die ganzen Miezen des Stadtteils angesichts der Wölbung deiner Wade in Ohnmacht fallen läßt. Sollten keine Süßen da sein, vor denen sich Eindruck schinden läßt, ist eine kraftsparendere Version angezeigt: Bei gezogenem Ventilausheber den Kickstarter leicht herunterdrücken, ihn freigegeben, wenn ungefähr die Hälfte des Wegs zurückgelegt ist. Mit ein wenig Fingerspitzengefühl und Gewöhnung ist das Resultat dasselbe, aber man gewinnt dabei das Gefühl für präzisen Energieeinsatz, etwas, das in der heutigen Zeit so selten ist.« So weit Monsieur Marchand.

Ironie hin, Imponiergehabe her, der XT haftet von

Beginn an der Hauch des Männermotorrades an – Motto: der Brocken will erst mal bezwungen werden. Schnell machen wildeste Schauergeschichten die Runde. Mit einer solchen beginnt auch Paul Simsas Test in MOTORRAD 15/77: »Es war einmal ein Mann, der trat auf einen Kickstarter und flog auf den Balkon im ersten Stock. Kenner kennen: Wenn es im dicken Eintopf nach rückwärts explodiert, bleibt kein Mittelfußknochen unverbogen. So gehen der XT 500 die Horrormärchen voraus.«

Wenn man jedoch Walter Meier hört, entbehren die jeglicher Grundlage: »Wir hatten keine Startprobleme, da muß ich gleich widersprechen. Wer beim Starten einer XT Probleme hat, macht etwas falsch. Die kriegt jeder an, auch jede Frau. Ich weiß noch, wir hatten damals eine der ersten XTs beim TÜV. Von dort kam dann der Anruf, daß sie überlegten, ob die XT 500 zuzulassen sei, weil man sie ja gar nicht starten könne. Wir sind natürlich hingefahren und hatte einen Kollegen dabei, der die XT immer mit der Hand angeworfen hat. Da waren die Leute vom TÜV natürlich sofort ruhig. Man darf keine Angst vor dem Fahrzeug haben. Daran hapert es bei den meisten, die sind zu zaghaft.«

Manchmal aber sind auch energisch zupackende Experten hilflos. So geschehen Ende '76 in Marokko, als Yamaha europäischen Journalisten das Programm fürs kommende Jahr präsentiert. Dort zeigt sich die XT 500 störrisch wie ein Maulesel, will partout nicht anspringen. Also versucht sich Yamahas PR-Manager Rodney Gould höchstpersönlich. Der ehemalige Rennfahrer kommt zwar ins Schwitzen, mehr aber bringt auch er nicht zustande. Der eigenwillige Eintopf jedenfalls gibt keinen Ton von sich. Selbst ein mit den Macken britischer Singles vertrauter Fachmann traktiert den japanischen Einzylinder ohne Erfolg.

Andere wiederum kennen solche Startschwierigkeiten nur vom Hörensagen – oder von anderen Motorradtypen. Als MO-Redakteur Peter Senge 1981 mit

Auf allen Wegen ein zuverlässiger Begleiter. Ausdauer und Anspruchslosigkeit kennzeichnen Yamahas Single-Schöpfung.

einem Kollegen sowie einer SR und XT 500 auf große Testtour geht, sind auf der gleichen Fähre auch zwei Vierzylinder-Hondas sowie eine 1000er Kawasaki mit von der Partie. Als das Schiff am nächsten Morgen anlegt, kommt es zum ungleichen Start-Duell: »Drei Elekrostarter begannen ihr fiependes, zwitscherndes Lied. Auch unsere Kickstarter klappten raus. Wer, bitteschön, war als erster von der Fähre? Natürlich, ich hätte die Story nicht erzählt, wenn wir es nicht mit den beiden Einzylinder-Yamahas gewesen wären; die eine Honda litt an einem klemmenden Chokezug, der Kumpel mußte helfen; die Kawa kam mit der Stellung des Benzinhahns nicht zurecht.«

Was ist nun Dichtung, was Wahrheit? Springt die XT wirklich so schlecht an? Schlägt sie permanent störrisch aus? Wohl kaum, andernfalls wäre aus Yamahas wunderbarem Wurf kein Trendsetter, sondern ein Ladenhüter geworden. Etwas Gespür für

Kompakter Kamerad: Trockensumpfschmierung und eng ans Kurbelgehäuse gerücktes Getriebe garantieren fast schon grazile Motor-Abmessungen.

die Technik, etwas Erfahrung in den Beinen, dazu eine korrekte Motoreinstellung, und nach zwei, drei Tritten blubbert der Ballermann vor sich hin. Dann darf Mann wie Frau getrost auf den Warmstartknopf (ziemlich fummelige Angelegenheit, besonders wenn ein »richtiger« Tank und nicht die originale »Kaffeetasse« montiert ist) und »Kick-Indikator« (Hallo, haben Sie mal ein Feuerzeug?) verzichten. Die Angst vor einer zurückschlagenden Tretkurbel erweist sich »normalerweise« als unbegründet, die XT zählt nämlich nicht zur Kategorie der chronischen »Keiler«. Voraussetzung ist allerdings, daß richtig, also bis zum Anschlag, durchgetreten wird, damit die Nase an der Führung des sichelförmigen Ausklinkbleches die Kickstarter-Welle auch entkoppeln kann. Bricht besagtes Blech aber – und gerade das tat es eine Zeitlang mit Vorliebe, weil unterdimensioniert –, hilft nur ein schneller Reflex. Andernfalls fristet man einige Tage als »einbeiniger Bandit«, weil die Kompression den Kickstarter mit voller Wucht auskeilen läßt. Wunden trägt manchmal auch die XT davon. In einem Fall zumindest durchschlug solch ein gebrochenes Blechteil gleich das Motorgehäuse. Das war dann teurer als die 8,90 Mark, die ein neues Ausklinkblech kostet.

Wir lernen daraus, daß von Fall zu Fall es der ansonsten gutmütigen Yamaha am rechten Benehmen mangelt und sie sich ganz uncharmant geben kann: »Am ersten Tag, ich hatte meine XT gerade angemeldet, bin ich abgerutscht und habe den zurückschlagenden Kickstarter direkt vors Schienbein gekriegt. Ich habe eine volle Woche nichts machen können«, so Angelika Weinelts schmerzhafte Erinnerung an ihren XT-Einstieg »Mein damaliger Freund hat dann eine unheimliche Energie aufgebracht, mich zum Fahren zu bewegen. Er hat mir erklärt, ich müsse mir nur die richtige Technik angewöhnen.« Nun, Angelika hat den Bogen schnell raus, ungeachtet manch' abfälligen Kommentars von weniger wohlmeinenden Vertretern des starken Geschlechts: »Männer haben mir vom Kauf einer XT völlig abgeraten, die meinten, eine Frau könne die gar nicht ankicken. Da lagen sie bei mir total daneben.«

An die Falsche gerät auch ein äußerst selbstbewußt auftretender männlicher Zeitgenosse, der es eines Tages der eigenwilligen Bikerin und ihrem Single zeigen will. »Ein Typ wollte einmal unbedingt meine XT anwerfen, weil er meinte, Du als Frau, Du hast bestimmt Deine Schwierigkeiten. Ich sagte, na klar, kein Problem, mach' mal. Der hat dann rumgekickt und rumgekickt, ohne Erfolg. Im Endeffekt war der

Motor völlig versoffen. Ich mußte dann die Zündkerze rausschrauben und trockenlegen. Nach einiger Zeit habe ich sie wieder reingeschraubt, bin aufgestiegen und – »kick« – mit dem ersten Tritt war die XT da«. Von ähnlichen Erlebnissen wissen Eignerinnen auch bei TÜV-Vorführungen zu berichten, vor allem in frühen Jahren, wo so mancher Ingenieur erfolglos eine XT traktiert.

Nur ein kleiner Kreis hat vor dem Kickstarter wirklich kapituliert, zumeist waren Startschwierigkeiten nicht von langer Dauer. Echte Probleme hatten in erster Linie unerfahrene Eintopf-Einsteiger, so die Erfahrung des langjährigen Yamaha-Händlers Werner Stöcker aus Weimar-Wolfshausen bei Gießen: »Ich hab' meinen Kunden vor dem Kauf immer gesagt, übt erst mal, ob es überhaupt klappt. Wenn ihr die XT kauft und steht danach vor einer Ampel und kriegt sie nicht mehr an, was ist dann?!

Wir hatten einen Verschlag, wo unser Gabelstapler drin stand, dort wurde unter Ausschluß der Öffentlichkeit geübt. Schließlich standen ja immer Leute drumherum, wenn eine XT verkauft wurde. Vor denen wollten sich die Interessenten natürlich nicht blamieren. Ein Kunde, ein Bundeswehr-Offizier, hat einmal einen ganzen Tag probiert, sie anzukicken. Einen Tag hat der da drinnen gehockt und sie immer wieder angetreten. Abends hat er die XT dann mitgenommen. Gekauft wurde immer. Aber vorher gab's erst diese Antretprobe.«

Trotz mancher Kritik hält Yamaha am Kickstarter fest und bewahrt dem Unikum damit seinen urigen Charakter. Auf der anderen Seite beheben die Japaner durch kleine konstruktive Änderungen die Bokkigkeit der Ur-XT. Die nämlich war wohl ursächlich für manche Kick-Kalamität wie bleibendes werbewirksames Flair verantwortlich. Ein Guckloch im Zylinderkopf und ein weißer Fleck (er markiert den oberen Totpunkt) auf der Nockenwelle zeigt ab 1977 unübersehbar an, wann ein Tritt am ehesten zur Zündung führt. Zwei Jahre später erhält der Mikuni-Vergaser einen Warmstartknopf, der feinfühlig die richtige Gasmenge für den betriebswarmem Motor zuteilt. Für eine bessere Füllung sorgt zudem ab 1980 ein größeres Einlaßventil, so daß sich die XT letztendlich vom Start-Saulus zum Paulus wandelt.

Dem Statement von TOURENFAHRER-Herausgeber Reiner H. Nitschke wird deshalb wohl die große Mehrheit der XT-Fahrer zustimmen. Der bemerkte nämlich 1987 folgendes: »Wenn sie nicht gerade von einem gefühlskalten Tester ersäuft worden war, sprang unsere XT ohne Ausnahme mit dem ersten Tritt an! Ich bleibe auch nach diesem halben Jahr neuerlicher Testerfahrung dabei: Keine Enduro springt so gut an wie die XT 500.« Mensch man muß nur wissen wie.

Triumph der Einfachheit: zwei Ventile, obenliegende Nockenwelle, unterbrecher-gesteuerte Zündung.

Technik, Test und Tuning

Der Motor: so simpel wie solide

Die XT markiert bei ihrem Erscheinen das Maß aller Dinge im Enduro-Lager. Modernere Konstruktionen werden ihr in den kommenden Jahren folgen, sie technisch überflügeln. Eines jedoch können sie der XT niemals nehmen: die Gunst der früheren Geburt. Damit verschafft sich der Yamaha-Sproß eine einzigartige Ausgangsposition, einen nicht in Zahlen auszudrückenden Vorsprung. Es ist wie mit der ersten großen Liebe, auch die bleibt immer etwas Besonderes. Die XT jedenfalls führt für alle Zeiten die Ahnengalerie der dicken Enduro-Einzylinder mit 500 ccm und mehr an.

Der Publikumserfolg des »Patron« bestimmt die Marschrichtung, mit der sich neu hinzukommende »Familienmitglieder« anfangs ganz schön schwertun. Unter einem halben Liter Hubraum beispielsweise ist seit dem Erscheinen des Yamaha-Singles kein Staat mehr zu machen. Das bekommt unter anderem Suzuki schmerzlich zu spüren, denn der erste viertaktende Enduro-Nachwuchs namens SP 370 und DR 400 erfreut sich eines nur kurzen Lebens.

Dabei beruht das Prestige-Plus der XT 500 keineswegs auf Vorsprung durch High-Tech, mitnichten. Ein Blick hinter die Zylinderrippen des schwarzen

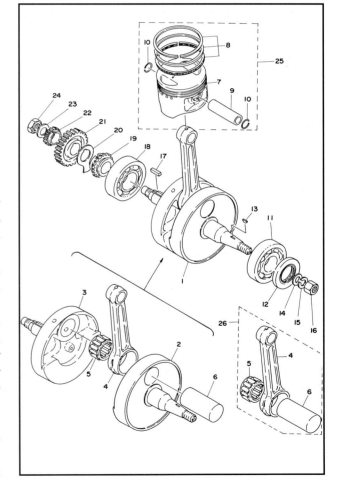

Ein Blick ins Motor-Innere offenbart ein rollengelagertes Pleuel und einen eher niedrig bauenden Kolben.

Singles fördert keine Knüller wie Königswelle oder vier Ventile zutage, sondern betont schlichte Zutaten. Zwei im Zylinderkopf hängende Ventile werden über Kipphebel betätigt, die obenliegende Nockenwelle treibt eine Kette an. Auf der aus Einzelteilen zusammengepreßten Kurbelwelle rotiert, neben vergleichsweise klein bemessenen Schwungscheiben, das E-Werk in Gestalt einer Schwunglicht-Magnetzündung. Statt wartungsfreier Elektronik steuert ein betreuungsbedürftiger Unterbrecher das Zündfeuer. Keinen Anlaß zum Jubeln bietet die Leistung der Lichtmaschine, mit 65 Watt bei sechs Volt Spannung fällt sie sehr mager aus. Ein einfacher, mittels zweier Züge zwangsgesteuerter Rundschiebervergaser regelt das Kraftstoff-Luft-Gemisch, eine Mehrscheibenkupplung im Ölbad steuert den Kraftschluß zwischen Motor und Getriebe, nicht weniger konventionell ist das klauengeschaltete Fünfganggetriebe.

Es sind also nicht technische Ausstattungs-Highlights, die den Ruhm des XT-Antriebs begründen. Akzente setzt der Halbliter-Hammer auf anderen Gebieten. Spitze ist zum Beispiel der kompakte Aufbau des Kurzhubers. Das rollengelagerte Pleuel ist ebenso knapp gehalten wie der Kolben, der seine Auf- und Ab-Bewegung in einer Laufbuchse abspult, die in den Aluzylinder eingeschrumpft wird. Platz sparen auch die Lagerung der Kipphebel direkt im Zylinderkopfdeckel wie das nah ans Kurbelgehäuse gerückte Getriebe. Ökonomischer Raumausnutzung entgegen kommt überdies die Trockensumpfschmierung. Sie erlaubt den Verzicht auf ein Öllager im Kurbelgehäuse und läßt damit den Eintopf nicht ganz so in die Höhe schießen. »Geliftet« wird stattdessen der Öltank, der ausnahmsweise in der obersten Etage zu finden ist – integriert ins Rahmenrückgrat. Zwei Eaton(Drehkolben)-Pumpstationen halten den lebenswichtigen Schmierstoff-Kreislauf aufrecht.

Dank dieser konstruktiven Lösungen zeigt der

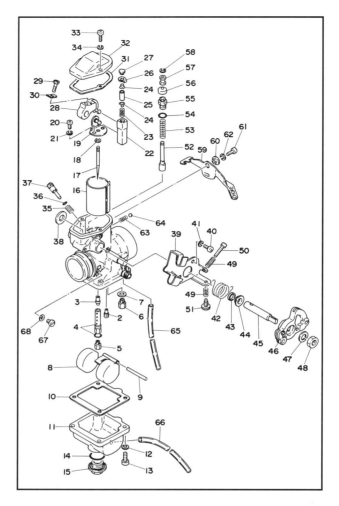

Ohne Warmstart-Knopf und Beschleunigerpumpe mußten die Mikuni-Rundschiebervergaser der ersten XT-Generation auskommen.

Yamaha-Single ein für einen Einzylinder-Viertakter dieses Volumens ungewohntes, ja fast schon graziles Format. Die geschickte Feinarbeit der japanischen Ingenieure um Herrn Okano demonstriert auch die überlegte Plazierung des Unterbrechers. Der sitzt nicht etwa direkt an der Nockenwelle, sondern ist per Eins-zu-zwei-Untersetzung mit dem Kurbeltrieb verbunden. Auf diese Weise kommen störende Drehschwingungen nicht so zum Zuge. In der Summe der Details erweist sich der XT-Motor somit nicht als nostalgischer Aufguß europäischer Vorbilder, sondern als ein Beispiel modernen japanischen Motorenbaus. Der läßt sich zwar von technischen Traditionen inspirieren, mehr aber nicht. Interpretation und Umsetzung folgen eigenen Ideen, was der XT ihren ureigenen Charakter beschert. Deshalb hinkt auch der so oft herbeigezogene Vergleich mit Einzylinder-Dampfhämmern aus europäischer Produktion. Das XT-Aggregat ist kein klassischer Langhuber, verfügt im tiefsten Drehzahlkeller eben nicht über deren unvergleichlichen »Bums«. Dazu fehlt's überdies an entsprechender Schwungmasse, weshalb in Trial-ähnlichen Geländepassagen schon mal schlagartig der Motor verstummt. Die schwache Schwungmasse aber hat, wie Paul Simsa feststellt, ihre positiven Seiten, »wenn die Leistung genau dosiert zum Herausbeschleunigen genutzt wird – der Motor reißt dem Hinterrad nicht schroff den Boden weg und bremst auch nicht ungewollt auf Schmiere«. Im Gegensatz zur spitzen Leistungscharakteristik vieler Zweitakter oder dem turbinenartigen Lauf von Vierzylinder-Triebwerken aber begeistert der Single natürlich mit charakteristisch-kräftigem Antritt – es kommt halt, wie immer im Leben, auf die Relation an. Verglichen mit der Honda XL 500 S, der ersten direkten Konkurrentin, geht die Yamaha untenrum deutlich kerniger zur Sache, wohingegen der sanftere Vierventiler bei höheren Drehzahlen davonzieht.

Seine Agilität im unteren und mittleren Bereich, die spontane Umsetzung von Gasgriff-Bewegungen in Vortrieb, verdankt der Zweiventiler seiner kurzhubigen Auslegung (Bohrung x Hub gleich 89 x 80mm). Diese verhindert zudem unzulässige Kolbengeschwindigkeiten mit möglicherweise materialmordenden Folgen. Bei Nenndrehzahl erreicht der Kurzhuber gerade einmal 16,5 m/s – ein Faktor, der zum ausgezeichneten Stehvermögen des Singles nicht unwesentlich beiträgt. Das Temperament der deutschen XT-Ausführung allerdings lähmt die Drosselung auf 27 PS bei 5.900 U/min. Ein spezieller Ansaugflansch mit von 32 auf 26,5 Millimeter reduziertem Durchlaß sorgt dafür, daß der Zeiger des Drehzahlmessers über 5.000 U/min (das höchste Drehmoment von 37,1 Nm liegt bei 5.100 U/min an) spürbar träger die Kurve kriegt. Kein Wunder, wenn man sich, wie weiland MO-Mitarbeiter Peter Senge, die Auswirkungen gesetzlich verordneter Kurzatmigkeit vor Augen führt: »Halten Sie sich mal den Mund und ein Nasenloch zu, und rennen Sie dann vier Stockwerke rauf – das geht schön auf die Pumpe.« Das XT-Herz bedankt sich mit etwas mehr Durst und etwas weniger »Zug« und Drehfreudigkeit. Den Spaß am nichtsdestotrotz gut gewürzten Yamaha-Eintopf nimmt die Leistungseinbuße aber nicht, schließlich fühlt er sich sowieso zwischen 3.000 und 5.000 U/min am wohlsten. Und das ist genau der passende Drehzahlbereich für viel Fahrfreude auf schmalen, sich dahinschlängelnden Straßen, die nicht den direkten, den schnellsten Weg zum Ziel suchen. Asphaltbänder, die (noch) nicht begradigt, verbreitert, geglättet worden sind, die ihren rauhen Charakter genauso stolz zeigen wie

Information, beschränkt auf das Wesentliche: Tacho, Drehzahlmesser und drei einsame Kontrolleuchten – das ist alles.

die XT ihre Vibrationen. Dort schwillt der Single-Sound an zu einer Swing-Melodie, verschmelzen Mensch, Motorrad und Umgebung. Zwischen 80 und 110 km/h, dem idealen Tempo-Revier für XT-Jäger, bleibt genügend Zeit für einen Blick über wogende Felder, für die Flugübungen eines jungen Falken oder die großen Augen glotzender Kühe. XT-Fahren, das ist Entspannung, ist Eintauchen in Sphären jenseits von Streß, ist rezeptfreie Techno-Therapie der angenehmen Art. »Sie ächzt und stöhnt, knarzt und furzt. Kein kaltes Metall. Kein Computer, der den Menschen unter Streß setzt.« Recht hat er, der Reiner H. Nitschke. Beschleunigungswerte um acht Sekunden von null auf 100 km/h verhindern zudem, daß man auf Landstraßen ebensolchem ausgesetzt wird, weil ein Mittelklasse-Pkw plötzlich zum unüberholbaren Hindernis wird.

Daß der Spaß bleibt, wenn sogar Zehntausende Kilometer ins Land gegangen sind, macht die besondere Beliebtheit des Ballermanns aus. Zuverlässigkeit, das ist neben faszinierendem Fahr-Flair die wahre Stärke des XT-Triebwerks. Technische Selbstbeschränkung auf der einen ist hier gekoppelt mit maximaler mechanischer Standfestigkeit auf der anderen Seite. Der Yamaha-Motor zeigt sich von seinen Zutaten her zwar reduziert auf ein notwendiges Minimum, das aber ist wiederum außergewöhnlich widerstandsfähig ausgelegt. Solche Solidität vermag selbst einen Qualitätsfanatiker wie Uli Egetemeir (EGU) zu überzeugen. Der Handwerksmeister aus Waiblingen weiß, wovon er spricht, schließlich hat er sich beruflich auf (Leistungs-)Kuren für Einzylinder-Viertakter eingeschossen: »Der Motor ist zuverlässig, das ist der beste Motor, den ich von den Einzylindern in den Händen gehabt habe. Der ist so solide gemacht, so stabil, ich habe schon oft gesagt, das könnte ein Motor aus Deutschland sein, von NSU beispielsweise. Kein Vergleich mit dem neuen XT-600-Motor. Der

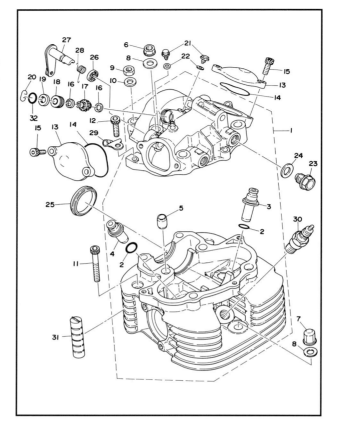

Konstruktion mit Köpfchen: Platz spart die Lagerung der Kipphebel direkt im Zylinderkopf-Deckel.

fünfte Gang – eine Katastrophe, das ist ganz schlechtes Material. Man kann sagen, daß jeder Motor, egal ob SRX, XT 600 oder Ténéré, davon betroffen ist. Das müssen wir oft machen. Schlecht gelöst ist auch die Verschraubung des Zylinders. Zwei, dreimal angezogen, schon sind Gewinde und Kopfdichtung kaputt. Das ist das solide an der XT, die hat Stehbolzen drin. Es gibt nichts Besseres als Stehbolzen in den Zylindern.«

Nur wer weiß, wie europäisch Uli Egetemeir denkt (sein neuestes Werk ist eine Kombination aus Rotax-Motor mit geregeltem KAT und Aprilia-Fahrwerk) kann das Lob für dieses Fabrikat »made in Japan« erst richtig ermessen.

Echte motorische Schwächen zeigt die Yamaha keine, wie jeder Werkstattmeister auf Anfragen gerne bestätigt. Was nicht heißt, daß es am XT-Motor gar nichts zu verbessern gäbe. Uli Egetemeir jedenfalls suchte und fand einige wenige Stellen, die zusätzlichen Feinschliff verdienen: »Das Pleuelauge wird nur mit Kupfer aufgedampft, das ist ein Teil, das relativ schnell verschleißt. Da machen wir inzwischen eigene Pleuel mit einer Büchse drin. Den Unterbrecher ersetzen wir durch eine Transistorzündung, damit ist das Funkenfeuer am Kontakt vorne weg – der brennt relativ schnell ab. Schon ganz am Anfang haben wir Vemtileinstellschrauben mit Kugelkopf hergestellt – das ist ein ganz wichtiges Teil. Die Original-Einstellschraube haut ja richtige Löcher in die Ventilschaftenden. So kann man jetzt 15.000 km fahren, ohne Ventile einzustellen, das ist ein Wahnsinn. Das Getriebe ist im großen und ganzen nicht schlecht. Ein Zwischenrad läuft gerne aus, das ist auch aufgekupfert.«

Das exakt zu schaltende Getriebe verursacht übrigens die einzige Rückrufaktion der XT-Modellgeschichte. Ärger bereitet ein Clip, der das Getriebehauptlager sichern soll, sich stattdessen aber löst. Das verursacht übermäßiges axiales Spiel der Getriebehauptwelle, die im ungünstigsten Fall festfressen und das Hinterrad blockieren kann. Insgesamt 1.400 XTs werden daraufhin in die Werkstätten beordert, wo das tückische Teil kostenlos gegen ein verbessertes Exemplar ausgetauscht wird.

Auf Eigeninitiative beruht der Wechsel der Sekundärkette, das Verschleißteil wird seinem Charakter viel zu schnell gerecht. Zur geringen Lebensdauer des unterdimensionierten Antriebsstranges addieren sich kurze Nachspann-Intervalle.

Solide Lösung: Stehbolzen sorgen für eine stabile Verankerung des XT-Zylinders.

Das Fahrwerk: viel Komfort für die Straße

Dem robusten Motor steht der Zentralrohrrahmen mit gegabeltem Unterzug wenig nach, er schluckt schwere und schwerste Strapazen. Geländegängig ist auch das Drumherum, angefangen bei genügender Bodenfreiheit, über einen stabilen Schutz fürs Kurbelgehäuse, hochgelegte(s) Auspuffanlage und

Vorderrad-Schutzblech, einen breiten Lenker bis hin zu flexibel aufgehängten Blinkern.

An ihre Grenzen stoßen abseits des Asphalts dagegen die weich abgestimmten Federelemente. Die Vorderradgabel mit 195 mm Federweg zieht sich noch recht achtbar aus der Affäre, solange kein fettes Benzinfaß verbaut ist. Dann verhindern nur Vorspannhülsen oder stärkere Gabelfedern den Tieftauch-Trieb beim Bremsen und gelegentliches Durchschlagen. Im normalen Alltagsbetrieb halten die 36 mm starken Standrohre das 21-Zoll-Vorderrad problemlos auf Kurs. Nur auf losem Untergrund möchte es dann und wann eingefangen werden. Dickstes Defizit sind die Gasdruck-Federbeine, die dem 18-Zöller hinten nicht mehr als 110 mm Federweg gönnen. Schon die Bildung einer Fahrgemeinschaft setzt die fünffach verstellbaren Stoßdämpfer gehörig unter Druck, von Sprüngen und anderen Offroad-Aktionen ganz zu schweigen. Ein Passagier hat's doppelt schwer, weil ihn die an der Schwinge montierten Fußrasten während der Fahrt zwangsweise zu Kniebeugen verdonnern und das gut gepolsterte Sitzkissen etwas kurz geraten ist. Alternativ-Produkte von Koni und besonders Bilstein bessern das Fahrverhalten merklich, können aber aus der XT zwangsweise keinen Geländesportler zaubern. Kein Wunder, bewegen sich die Federwege doch auf BMW- oder MZ-Niveau. Auch die weniger langbeinigen Leuten entgegenkommende Sitzhöhe von 830 mm tendiert eindeutig in Richtung Straße denn gen »Hard-Enduro«.

Knochenharte Cross-Kurse gehören deshalb nicht in die Kategorie »besonders taugliches XT-Terrain«, auch wenn der Ballermann diese ebenso übersteht wie »wüste« Schinderei. Immerhin reicht zumeist ein kurzer Dreh am Gasgriff, damit sich die Fuhre aus dem dicksten Schlamassel befreit. Übergewicht und eine auf Straßenbetrieb ausgelegte Sitzposition verleihen dem Fahrverhalten allerdings den Charakter von Schwerstarbeit. Nicht wenige allerdings scheinen Body-Building zu mögen und scheuchen den Drei-Zentner-Brocken mit Genuß über die wenigen für Motorsport noch freigegebe-

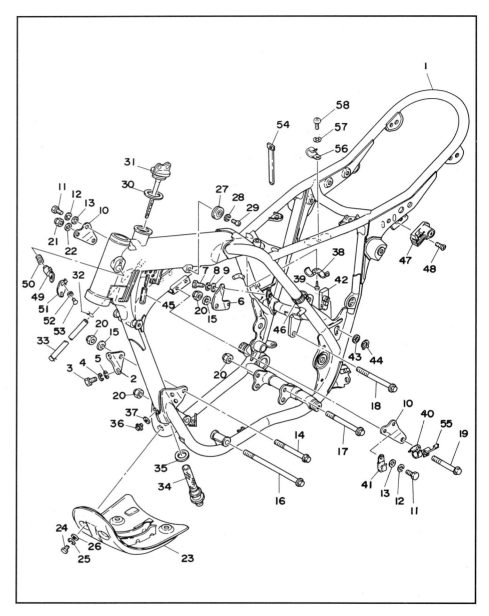

Kein Wunder der Technik: der Zentralrohrrahmen mit gegabeltem Unterzug.

nen Geländeareale. Davon unbenommen fühlt sich die Mehrheit der XT-Fahrer auf Schotterpisten, Feldwegen und Landstraßen dritter Ordnung viel wohler. Dort wie auch in den Schluchten der Städte zählt der Halbliter-Eintopf zu den »kings of the road«. Da reicht der Komfort, paßt die Fahrgeometrie, begeistert das Handling. Flottes Vorankommen wird nicht durch unerwartete Fahrwerksunarten beeinträchtigt, die XT gibt sich in allen Situationen brav und einfach beherrschbar. Leichtes Rubbeln der Reifen kündigen Schräglagen-Schleckermäulern frühzeitig das Erreichen der Haftgrenze an. Ein kleiner Zug am Lenker, und schon schnellt die Yamaha um enge Ecken und zeigt allen »big bikes« eine lange Nase. Dank niedrigem Schwerpunkt und kräftigem Antritt bereitet es viel Spaß, mit »Schmakkes« um die Kurve zu »brezeln«.

Auf der Autobahn kehren sich die Verhältnisse naturgemäß wieder um, dort werden die XT-Windgesichter schlicht verblasen. Was wenig stört, denn auf Hochgeschwindigkeits-Prestige können Enduristen schließlich leichten Herzens verzichten. Zumal der breite Lenker in Verbindung mit einer betont aufrechten Sitzposition dem Wind viel Angriffsfläche bietet, was nicht erst bei Vollgas leichte Unruhe ins Fahrwerk bringt – ohne jemals feuchte Hände zu schaffen. Locker bleiben heißt die, aller Regel nach, hilfreiche Devise. Wenn das nichts nutzt, empfiehlt sich eine Inspektion neuralgischer Punkte wie Lenkkopf- und Radlager. Regelmäßige Pflege und kor-

Schweißtreibende Schinderei: Wer ein Drei-Zentner-Zweirad durch die Sandgrube scheuchen will, braucht Kraft und Kondition.

rekte Einstellung wirken manchmal Wunder. Eine gewisse Schwammigkeit geht auch von der Schwinge aus, die sicherlich nicht zu den steifsten ihrer Gattung zählt.

Alles in allem läßt's sich mit Fahrgestell samt Motor gut leben, legt die Einheit letztlich doch ausgeprägte Allround-Qualitäten an den Tag. »Bauernmotorrad« umschreibt das Paul Simsa, und es ist mit Sicherheit nicht bös gemeint. Im Gegenteil. Vielseitigkeit, robuste Natur, Anspruchslosigkeit, Langlebigkeit und eine Portion Dickschädeligkeit stecken hinter dieser Formulierung. Was nicht gleich heißen soll, daß die XT auf automobiler Ebene einem 200er Diesel entspräche. Dazu fehlt's dem Benz an Ausstrahlung wie Temperament und der Yamaha am Finish. Die Lackqualität des Rahmens beispielsweise ist nur mäßig, daran ändert auch die Modellpflege nichts.

Nur zweite Wahl sind die fünffach verstellbaren Original-Stoßdämpfer der XT 500.

Modellpflege mit Maß: Feinarbeit im Detail

Beständigkeit macht sich bezahlt. Das gilt für Ente und Käfer ebenso wie für die Yamaha XT 500. Alle drei sind sie Beispiele für Fahrzeuge, die aus der uniformen motorisierten Masse herausragen, weil sich ihr Facelifting über den gesamten Produktionszeitraum hinweg im Bereich kosmetischer Korrekturen bewegt – zur Freude der Fans. Die wiederum wissen das allen modischen Wandel überdauernde und damit unverwechselbare Erscheinungsbild ihrer Karossen zu würdigen. Technische Rückständigkeit wird dabei bewußt in Kauf genommen beziehungsweise von Ausstrahlung, Zuverlässigkeit und nicht zuletzt niedrigen Erstehungs- wie Unterhaltskosten wettgemacht. Da das Konzept stimmt, dürfen sich Modellpflege-Maßnahmen mehr oder weniger

Fadenscheiniger Verzögerer: Die schwache Trommelbremse vorne zwingt zu vorausschauender Fahrweise.

ger auf das Ausmerzen von Detail-Mängeln oder neues Make-up beschränken.

Die umfangreichste Fürsorge erfährt die XT 500 gleich im Jahr nach der Markteinführung. Auffälligste Änderung des '77er Baujahres ist der Auspuff. Das alte, unten am Motorblock entlang verlegte Krümmer weicht einem Modell, das sich seitlich am Zylinder vorbeiwindet. Das gibt mehr Bodenfreiheit und befreit von Steinschlag-Streß. Auf Kritik des Kraftfahrtbundesamtes hin erhält der Auspufftopf zudem ein Röhrchen, das die Gase ums Kennzeichen herumleitet. Schwierigkeiten beim Starten behebt besagtes Bullauge im Zylinderkopf sowie eine Farbmarkierung auf der Nockenwelle. Ein stärker vorgespannter Kolbenring dient der Senkung des Ölverbrauchs und eine von neun auf sieben Mil-

Neue Auspuffanlage und beige-rotes Tankdekor unterscheiden den 77er äußerlich vom vorhergehenden Jahrgang.

limeter reduzierte Ölrücklauf-Bohrung im Zylinderkopf der Optimierung der Schmierung und Kühlung von Kipphebel und Co.. Eine zusätzliche Gußnase im Kettenschacht des Motorgehäuses sichert eine Schraube der Nockenwellen-Gleitschiene gegen ein Verlassen ihres angestammten Platzes und damit verbundene Spätfolgen. Ein engerer Ansaugstutzen (26,5 statt 32 mm Durchlaß) besorgt die Leistungsreduzierung auf versicherungsfreundliche 27 PS. Undichtigkeiten schließlich wirkt die engere Passung des Simmerrings am Kettenritzel entgegen. Hinzu kommt ein größeres Ritzel (16 statt 14 Zähne), das eine etwas längere und damit tourenfreundlichere Übersetzung bewirkt.

Kleine Retuschen zeigt auch das Fahrgestell. Der Stoßdämpferhub wächst um zehn auf 110 Millimeter, während Vorderreifen und Felge leicht in die Breite gehen (3.25 x 21 und 1.85 x 21 statt 3.00 x 21 und 1.60 x 21). Lenkwinkel und Nachlauf werden geringfügig in Richtung besserer Längsführung (60°20'' statt 59°30'') korrigiert. Die Liste der Modifikationen für die '77er XT beschließt ein Tank-Tapetenwechsel, der weiße Benzin-Behälter glänzt nun mit beigerot-schwarzem Seitenschmuck.

Im nächsten Jahr wird das stählerne Reservoir gegen ein edles Aluminium-Modell ausgetauscht. Die Grundfarbe bleibt, das Dekor wechselt – die Seiten schillern nun in strahlend-roter Optik. Den Ohren zugute kommt der Vergaser mit Beschleunigerpumpe, der das Gemisch zwecks besseren Durchzugs und der Vermeidung lästigen Auspuffknallens wegen anreichert. Damit der Single jederzeit schön »cool« bleibt, vergrößert Yamaha die Kühlrippenfläche. Die Gabel und vor allem die empfindlichen Standrohre und Dichtringe schützen Faltenbälge, die obere Gabelklemmung halten inzwischen je zwei Schrauben. Ein Kunststoff-Kettenschutz löst die bisherige kleinere Blechversion ab, dazu werden Sekundärkette und Kettenrad stabiler ausgelegt.

An ihrer aufgefrischten Farbmixtur läßt sich die '79er XT identifizieren, am weißen Tank nämlich prangt inzwischen schwarzes Seitendekor. Die weiteren Änderungen fallen erst auf den zweiten Blick ins Auge, so beispielsweise der Ölpumpendeckel, den fünf statt drei Schrauben fixieren. Das mit gutem Grund, denn vorher neigte das Deckelchen dazu, sich zu verziehen, was immerhin ein Absinken des Öldrucks und vorzeitigen Verschleiß zur Folge hatte. Die Betriebssicherheit fördert zudem der mit einem Seegering ausgestattete rechte Seitendeckel, er sichert den Kurbelwellen-Simmering zusätzlich. Die Getriebebedienung verbessert die nicht mehr einfach im Aluminium des Motorgehäuses, sondern nadelgelagerte Schaltwalze. Die letzten Startschwierigkeiten soll ein Warmstartknopf am Vergaser beseitigen, damit auch der heiße XT-Motor ohne Mucken anspringt.

An Faltenbälgen und dem weißen Tank mit roten Seitenflächen ist die 78er XT zu erkennen.

Dem Wunsch nach mehr Komfort abseits des Asphalts kommt eine Verlängerung des Federweges der hinteren Stoßdämpfer auf 128 mm entgegen. Last not least sind Gabelbrücke und Steuerrohr erstmals einteilig ausgeführt.

Wie sollte es auch anders sein – der Tank der '80er Serie zeigt zum wiederholten Mal ein geringfügig geändertes Design. Diesmal bleiben die Farben unangetastet, stattdessen gibt's einen umlaufenden Rand. Die meisten Kunden hätten ein um einige Liter erhöhtes Volumen sicherlich lieber gesehen. In die Kategorie Augenschmaus gehören auch die goldeloxierten Felgen.

Auf Fahrwerksseite erhält die XT 500 nun eine Gabel mit vorverlegter Achsaufnahme. Rückbesinnung auf alte Werte kennzeichnet dagegen die Lenkgeometrie, die wieder einen Hauch mehr Handlichkeit verspricht.

Im Motor führt ein auf 47 mm Durchmesser vergrößertes Einlaßventil zu einem besseren Füllungsgrad. Erneuert werden des weiteren Lichtmaschinenregler und Kettenspanner. Die Schwimmerkammer erhält einen Anschluß, der eine Überprüfung des Benzinpegels von außen zuläßt. Im folgenden Jahr beschränkt sich die Modellpflege auf ein verstärktes Kickstarter-Ausklinkblech. Das alte hielt

Kleine Retuschen zeigt die XT anno 1979: Warmstartknopf am Vergaser und schwarze Tank-Bemalung.

häufig der Wucht des Kickstarters nicht stand und verabschiedete sich in Richtung Ölwanne – mit oft genug schmerzlichen Folgen für die Fahrerextremitäten. Einen Tapetenwechsel der angenehmen Art erlebt – Sie ahnen es – der Tank. Die Weißfärbung ist endgültig »out«, purer Alu-Schimmer dafür »in«, inklusive schwarzem Oberteil.

Die inneren Werte der XT 500 werden im Gegenzug 1983 kräftig aufpoliert. Sechs-Millimeter-Schrauben sichern die Kipphebelwellen gegen Verdrehen. Die Kipphebel selbst unterzieht man einer geänderten Wärmebehandlung, die eine widerstandsfähigere Lauffläche garantiert als die bis dato empfindliche Chrombeschichtung. Einen konstruktiv kleinen, aber ungemein wirkungsvollen Schritt stellt die Verlegung der außenliegenden Ölleitung von der Einlaß- zur thermisch weit stärker belasteten Auslaßseite dar. Der nämlich wurde bislang bei hohen Drehzahlen auf den ersten Kilometern ziemlich

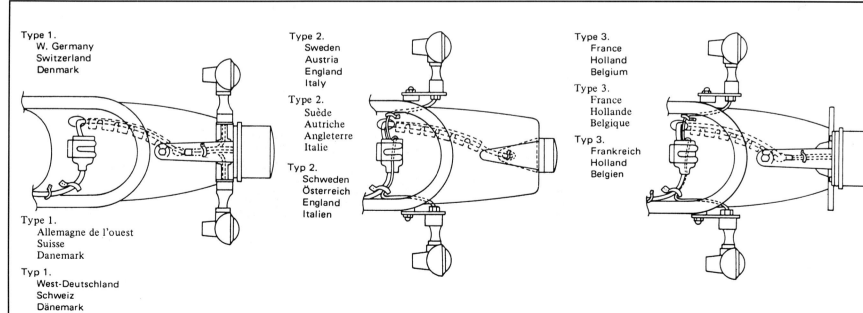

Type 1.
W. Germany
Switzerland
Denmark

Type 1.
Allemagne de l'ouest
Suisse
Danemark

Typ 1.
West-Deutschland
Schweiz
Dänemark

Type 2.
Sweden
Austria
England
Italy

Type 2.
Suède
Autriche
Angleterre
Italie

Typ 2.
Schweden
Österreich
England
Italien

Type 3.
France
Holland
Belgium

Type 3.
France
Hollande
Belgique

Typ 3.
Frankreich
Holland
Belgien

Goldeloxierte Felgen, vorverlegte Achsaufnahme und Benzin-Behälter mit schwarzem Rand: XT 500 des Jahres '80.

XT-Jahrgang 1981: Alu-Tank mit schwarzem Oberteil. Nicht zu sehen: verstärktes Kickstarter-Ausklinkblech.

Größe des Rücklichts und Blinkerbefestigung unterscheidet die einzelnen XT-Versionen in Europa.

zugesetzt, da zu wenig kühlendes Öl Nocke, Kipphebel und Ventilschaft umspülte. Mit diesen Modifikationen wird die schon sprichwörtliche Haltbarkeit der XT-Mechanik nochmals verbessert. Rein optische Gründe hat der erneute Wechsel auf silberne Felgen.

Damit können sich die Yamaha-Techniker in Hamamatsu fürs erste beruhigt zurücklegen beziehungsweise anderen Modellen zuwenden. Erst 1986 schlagen sie wieder zu und beseitigen einen jahrelang heftig monierten Schwachpunkt in Gestalt der unzureichenden Elektrik. Die absolut antiquierte, weil völlig unterdimensionierte Sechs-Volt-Anlage weicht endlich einem modernen 12-Volt-System, die Lichtmaschinenleistung wächst in diesem Zusammenhang von 63 auf 145 Watt. Trotzdem reicht's nur zu verhaltenem Beifall. Statt eines hellen Halogen-Einsatzes nämlich gibt's nur einen 35/35-Watt-Scheinwerfer.

An visuellen Variationen haben sich die Yamaha Marketing-Strategen etwas ganz Besonderes einfallen lassen – goldeloxierte Felgen. Und ein rechteckiges Rücklicht. Und einen neuen Platz für die hinteren Blinker, die nun nicht mehr an der Kennzeichenhalterung sitzen.

Dann ist zwei Jahre Ruhe in Sachen Restaurierung. Zum Schluß gibt's eine Sonderversion, die XT 500 S. Technisch unverändert, erstrahlt die schöne »S« im klassischen Kleid: Chrom, wohin das Auge auch schaut. Von der Lampe über die Motorschutzplatte, den Kick-Indikator, die Auspuff-Hitzeschutzschilder bis hin zu den Federbeinen. Dazu schwarze Schutz-

bleche, silberne Felgen und ein graphit-metallic-farbenes Motorgehäuse – ein Traum von einer XT. Selbst dieses schicke Sondermodell unterscheidet sich nur in Nuancen von der Ur-XT, der Charakter des Bestsellers bleibt über die Jahre unverändert erhalten. Diese Beständigkeit hat so ihre Kehrseiten, gepflegt werden mit Ausdauer auch manche Mankos: Der Tank ist immer noch lächerlich klein, die Bremsen dürftig, die Federbeine lasch – für Eigeninitiativen gibt's immer noch genügend Ansatzpunkte. Was dazu führt, daß das Zubehörgeschäft blüht und kaum eine XT ganz und gar original bleibt.

Showeffekt: Silberne Felgen zeigt die 83er XT. Sinnvoll: die Verlegung der Ölleitung von der Einlaß- zur thermisch stärker belasteten Auslaßseite.

Goldfarbene Felgen, rechteckiges Rücklicht, zurückverlegte Blinker und eine 12-Volt-Anlage erhält die 86er XT.

Attraktiver Abgang: Mit einem Sondermodell (XT 500 S) im Chrom-Kleid endete 1988 die XT-Modellpflege.

To tune or not to tune: Power-Packung

Tuning und XT 500, das klingt auf den ersten Ton nach einem Mißverständnis. Immerhin eilt der Yamaha ja der Ruf voraus, ein ausdauerndes Arbeitstier Marke Maulesel zu sein – und kein Rennpferd. Andererseits kann der Wunsch, dem 27-PS-Muli Beine machen zu wollen, gute Gründe haben. Schließlich heißt Tuning nicht unbedingt PS-Fetischismus oder Hochgeschwindigkeits-Wahn, sondern meint im eigentlichen Wortsinn nichts anderes als Einstellen oder Stimmen – und bezieht sich schon gar nicht allein auf Motoren.

Ordentlich Musik macht der Eintopf zwar, unter bestimmten Bedingungen aber klingt er eher nach kleiner Besetzung denn großem Orchester. Diese Erfahrung macht irgendwann jeder XT-Fahrer, da macht der Dortmunder Markus Send keine Ausnahme: »Mit einer vollbepackten XT im Gelände, das ist immer etwas schwierig, da sie untenrum doch etwas schwach auf der Brust ist. Das ganze Gepäck, was ich mit mir rumschleppte, machte unterm Strich bestimmt eine zweite Person aus.« Als Markus auf einer seiner Reisen auf einen Markenkollegen trifft, der seine XT auf 600 Kubik hatte aufbohren lassen, kommt auch er ins Grübeln: »Ich hatte daraufhin eine Zeitlang mit derselben Idee geliebäugelt, es dann aber gelassen. Mich interessierte dabei nicht die Leistung, sondern mir ging's um mehr Drehmoment.«

Wie wohl die überwiegende Mehrheit verzichtet auch Markus aus Sorge um die Haltbarkeit seines Motors auf leistungsfördernde Eingriffe. Andere sind da weniger zurückhaltend. Die Nachfrage jedenfalls ist da, das Angebot auch. Die Versprechungen sind hoch, »Leistungssteigerung bis zu 40%« verkündet beispielsweise eine Anzeige aus dem Jahr 1979. Verschiedenste Tuningteile sollen demnach den Zweiventiler in Richtung 40-PS-Grenze treiben, angepriesen werden ein 38-mm-Mikuni-Vergaser-Kit, Hochleistungs-Kolben mit der sagenhaften Verdichtung 11:1 (»Auf dem amerikanischen Markt gab es Kolben, die dermaßen hoch verdichtet waren, daß sie das Ding fast gar nicht mehr ankriegten«, so Tuning-Spezialist Kurt Tweesmann), Nockenwelle und Schalldämpferanlage, verstärkten Ventilfedern sowie ein 535-ccm-»Big-Bore-Kit«. Kein billiges Vergnügen, schon der reine Materialpreis addiert sich auf über 1.100 Mark. Weniger als ein Fünftel kostet 1982 der W.A.P. Leistungskrümmer, für den der Erfinder allein 6 PS Mehrleistung verspricht. Ausgehend von einer offenen XT hieße das immerhin 39 PS – auf dem Papier jedenfalls.

In der Praxis entpuppt sich der versprochene Muskelaufbau meist als leere Versprechung. Das jedenfalls ergeben mehrere von MOTORRAD initiierte Rollenprüfstand-Testläufe diverser Doping-Mittel-

Glänzende Zeiten: Chrom-Parts aus dem XT-Schönheits-Salon – für Offroad-Einlagen viel zu schade.

Power-Packung: Der geschmiedete Mahle-Kolben ist Teil eines 600 ccm-Tuning-Pakets von Egu.

chen. So schafft ein umfangreicher Umbau – Nockenwelle mit mehr Ventilhub und geänderten Steuerzeiten, 90er Kolben und aufgebohrter Zylinder, angehobene Verdichtung, größeres Auslaßventil, 38er Dellorto-Vergaser – gerade 37 PS. Auch das allerdings nur mit offenem Auspuff und unter brutalem Lärm von 125 Dezibel. Mit Serientüte sind's noch 33 PS, bei Beschränkung auf Sportkolben und geänderte Verdichtung finden sich nur noch zwei Pferdestärken zusätzlich ein. Ganz schön mager. Immerhin steigt im Vergleich zum Original-Motor im mittleren Drehzahlbereich die Leistung. Auch mit hohem Aufwand also läßt sich einem Einzylinder wie der XT kaum mehr Spitzenleistung einblasen, das verhindern – laut ist out – die gängigen Geräuschvorschriften.

So gut wie keine meßbaren Vorteile offenbart im übrigen der oben erwähnte Leistungskrümmer. Spitzenreiter in der Kategorie Höchstleistung sind – im Rahmen der MOTORRAD-Untersuchung – mit einem Plus von jeweils zweieinhalb PS ein Sebring-Auspuff sowie eine scharfe Yoshimura-Nocke. Stärker fallen die Unterschiede in unteren Drehzahlbereichen aus, dort setzt sich zum Beispiel ein Tweesmann-Kit mit bis zu fünf PS ab, bestehend aus einem auf 535 ccm aufgebohrten Zylinder, dünne-

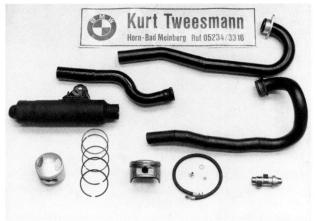

Relikt aus vergangenen Zeiten: Tweesmann-Tuning-Kit vom Kolben bis zum Krümmer.

rer Kopfdichtung und dickerem Kolben. Erkauft wird der bessere Durchzug allerdings mit schlechterem Startverhalten, zudem klingelt der Motor bei einigen Aufbohrsätzen beängstigend. Schuld ist der zerklüftete Brennraum der XT, der die Selbstzündung von Gasen ermöglicht, die noch nicht von der Flammenfront erfaßt wurden. Das wird als sogenanntes Klingeln oder Klopfen hörbar und kann unter Umständen zu schweren Schäden im Motor führen.

Wegen schlechter Erfahrungen mit 535-ccm-Kits rät Erich Wunderlich zum Beispiel seinen Kunden

Verkaufs-Hit: Die zweifache Direktschmierung des Ventiltriebs von Wunderlich.

von derartigen Aufbohraktionen generell ab: »Wir boten das nur an, wenn schon die vierte Übergröße drin war, als letzte Möglichkeit sozusagen. Wir hatten dann aber das Problem, daß der Zylinder unten abgerissen ist. Da es keine direkte Schraubverschraubung zwischen Kurbelgehäuse und Zylinderkopf gibt, halten allein das Leichtmetall des Zylinders und eine Büchse das ganze zusammen. Bei 535 Kubik geht man so an die Grenze der Büchse, daß der Zylinder seine innere Spannung verliert, was schließlich zum Abreißen des Zylinders führt.« Die Empfehlung des größten Anbieters von XT/SR-Teilen und Zubehör lautet, sich auf einen optimierten Ventiltrieb sowie eine auf lange Lebensdauer und besseren Durchzug ausgelegte Nockenwelle zu beschränken.

Wem das nicht reicht, landet früher oder später bei EGU, dem Betrieb von Uli Egetemeir. Der Tüftler mit Meistertitel rückt dem XT-Motor mit schwäbischer Gründlichkeit auf den Pelz. Am Ende seiner aufwendigen Renovierungsarbeiten stehen 592 ccm, einige Pferdestärken mehr und TÜV-Segen. Dazu bohrt der Eintopf-Tuner und Motoren-Instandsetzer den Zylinder auf, zieht eine Spezialbüchse ein, erledigt das Feinbohren und Honen auf 94,75 mm bzw. den Einbau eines Nikasilzylinders und spendiert einen geschmiedeten Mahle-Kolben. Der stammt eigentlich aus dem Dreiliter-Porsche 911 und wird für die XT 500 speziell aufbereitet. Auf Wunsch werden auch Brennraum und Nockenwelle einer Kur unterzogen. Von dem Punch des 600-Kubik-Krachers haben sich bereits über 1.000 Yamaha-Eigner überzeugen können, vor allem in gemäßigten Drehzahlregionen läßt der EGU-Eintopf Dampf ab. Auch vollbepackt zieht der Ballermann noch die Butter vom Brot und kräftig aus Kurven heraus. Das Startverhalten übrigens (die Verdichtung ist sogar auf 1:8,5 zurückgenommen) hat unter Egetemeirs Eingriffen nicht gelitten – so soll's ja auch sein. Ungeachtet der gelungenen schwäbischen Sonder-

behandlung – das billigste Tuning ist und bleibt mit runden 40 Märkern Materialkosten der Wechsel des Ansaugflansches. Kleiner Schönheitsfehler: Dürfen darf man's nicht, da es für den Einsatz dieses preiswerten Ersatzteils keine ABE gibt.

Tuning einmal anders: Es lebe die Laufleistung

Ganz legal dagegen läßt sich die Laufleistung eines XT-Antriebs steigern – auch eine Form von Tuning und sicherlich nicht die schlechteste. Von EGU gibt's da Getrieberäder aus einer Speziallegierung oder spezielle Kolbenringe, die den Ölverbrauch reduzieren helfen. Wie pragmatisch-praktisch XT-Fahrer veranlagt sind, zeigt die Tatsache, daß

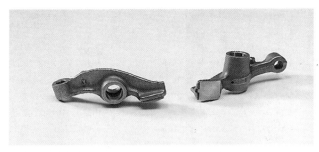

Langzeit-Investition: Gehärtete Wunderlich-Kipphebel mit seitlicher Schmiermittel-Zuführung.

Es lebe die Laufleistung: verbesserte XT-Nocke mit gasnitrierter Oberfläche.

ab '84. »Die hatten vorher Kipphebel, wo das Öl in der Mitte ausströmte. Wenn sich kleine Schmutzpartikel im Öl befanden, hat das die Chromschicht vom Kipphebel weggerissen. Die neuen Kipphebel werden seitlich angespritzt, haben zudem eine geänderte Laufflächenhärtung. Die Nockenwelle hat keine hartverchromte, sondern gasnitrierte Oberfläche.« Sinnvoller und preiswerter Ersatz von Motorteilen und praktisches Zubehör, das ist der Schwerpunkt des Zubehörprogramms von Wunderlich. Da gibt's VW-Ventileinstellschrauben, Phosphor-Bronze-Ventilführungen, das berüchtigte Kickstarter-Ausklinkblech, polierte Ventile, progressive Gabelfedern, verstärkte Stoßdämpfer, steifere Schwingen, Scheibenbremse vorn, H4-Einsätze für Modelle ab '86 (»ist zwar von der Lichtmaschinenseite her eine knappe Geschichte, aber das geht«), Benzin-Bassins oder »Ersatz für nicht ganz so stadie zweifache Direktschmierung von Wunderlich in der Szene ein absoluter Renner ist: »Unserer Hochrechnung zufolge sind jetzt mittlerweile 30% der Maschinen damit ausgerüstet. Wir haben sie über 10.000mal verkauft, das ist der Evergreen schlechthin.« Über eine Stahlflexleitung sowie ein T-Stück werden beide Kipphebel direkt und zur gleichen Zeit mit Schmieröl versorgt und gekühlt. Der Zylinderkopf dankt diese Sonderbehandlung mit einem drastisch verlangsamten Alterungsprozeß. Ein weiterer Verkaufsschlager ist die Umrüstung von Nockenwelle und Ventiltrieb auf den Stand der Modelle

In Extrem-Einsätzen erfolgreich erprobt: Bilstein-Stoßdämpfer für Weltenbummler und Wüstenfahrer.

Richtig reisetauglich wird eine XT erst mit einem fülligen Benzinfaß – hier ein 33-Liter-Kunststoff-Behälter aus dem Wunderlich-Programm.

bil ausgeführte Yamaha-Teile wie das Kunststoffdeckelchen vom Steuerkettenspanner«.

Der Hang dazu, selbst Hand anzulegen, zeichnet die XT-Gemeinde augenscheinlich aus. Anders ist der »wunderliche« Erfolg, der '93er Katalog ist immerhin 152 Seiten dick, auch kaum zu erklären. Der wiederum, und hier schließt sich der Kreis, basiert auf einem einachen, aber wirkungsvollen Konzept: »Bei der XT ist alles reparabel, kapitale Schäden gibt's eigentlich nie. Man kann alles ziemlich grobschlächtig wieder in Ordnung bringen – wenn die Nockenwellenlager sich mal mitdrehen, werden die einfach festgeklebt. Mit dem Ding ist man nie voll aufgeschmissen.«

»Weggeschmissen« wird die XT übrigens kaum noch, so Szene-Intimus Erich Wunderlich, »die wenigsten fahren mit der XT noch im Gelände, der Trend bewegt sich mehr in Richtung Restaurierung«. Diese Entwicklung eingeleitet hat womöglich Yamaha selbst, als man dem '88er Sondermodell allerlei schwarzen und verchromten Zierrat spendierte – wer suhlt sich im Sonntagsanzug auch schon gern in Schlammlöchern?

Aus dem Leben einer Legende

Typen und Technik: Wer kauft XT 500?

Technik ist nicht alles – wie banal und gleichzeitig wahr. Was wäre die XT beispielsweise ohne ihre treue Fangemeinde, ohne die vielen Erlebnisse, die Motorradfahrer mit diesem Motorrad verbinden? Stop.
Wer fährt eigentlich XT? Oder besser, wie schaut ein typischer XT-Fahrer aus? Möglicherweise wie eine Art Motorrad-Macho? Sie verstehen schon, braungebrannt, breitschultrig, durchtrainiert, wuchtige Waden, Zwei-Tage-Bart, kesser Spruch auf den Lippen? Oder doch eher wie ein Schrauber – mit ölverschmiertem Gesicht, Schwielen und schwarzen Fingernägeln? Oder wie ein Gelände-Cowboy, der mit seinen Cross-Stiefeln ins Bett geht und immer Sand zwischen den Zähnen hat? Mmh.
Also eines ist klar, jung ist er auf jeden Fall. Das nämlich sagt die Statistik, und Zahlen lügen nicht, oder? Die Auswertung jedenfalls stammt von Mitsui und aus der Mitte der Achtziger und schlüsselt die Käuferschichten der XT-Familie auf. Unbarmherzig, unbestechlich. Demnach hatten 86,53% der XT-Kunden ihre »midlife-crisis« noch vor sich, da zwischen 18 und 30 Jahre jung. Stärkste »Alters«-gruppe war mit 23,72% die der 21–23jährigen, schwach vertreten dagegen die angeraute Generation – nur 4,52% sind über 40 – und die der Dreißiger (6,83%). Was den Schluß zuläßt, daß der Erwerb einer XT 500 in etablierten Kreisen auf wenig Gegenliebe stieß. Die mochten es wohl lieber bequemer oder schneller oder moderner oder wollten gleich alles auf einmal. Zweistellige Prozentzahlen erreichte auch die Frauenquote nicht, mit 8,44% aber genoß das sogenannte Männermotorrad weit häufiger die weibliche Gunst als die Schwestermodelle XT 350 (7,21) oder 600 (2,70). Beamte zählten mit 8,84% ebenfalls nicht zur bevorzugten XT-500-Kundschaft, trotz so »deutscher« Tugenden wie Zuverlässigkeit und Beständigkeit, mit denen die Japan-Enduro aufwarten konnte. Als Direktionsfahrzeug, Vertretermobil oder Objekt der Begierde des Junior-Chefs war die XT sogar nur dritte Wahl, gerade 2,11% wurden auf Firmennamen angeschafft. Bei Unternehmen standen die XT 600 (13,03%) und die Ténéré (18,60%) viel höher im Kurs. Kein Wunder, man hat's ja. Frau Müller, die Portokasse bitte.
Nach Auflistung so vieler Randgruppen steht noch immer die Frage im Raum, wer denn nun bevorzugt auf die XT abfährt? Die Antwort heißt: Arbeiter. Jawoll, nix Bauernmotorrad, die XT ist der Liebling der Werktätigen, derer, die in den Betrieben für ihre Mark schwer und schweißtreibend schuften müssen. Mit 41,61% waren sie die ungekrönten Könige der Käuferszene, mit weitem Abstand gefolgt von der Gruppe der Angestellten mit 29,45% – die restli-

chen 9,55% fallen unter »Sonstige«. Ob's am bodenständig-ehrlichen XT-Flair lag, dem verhältnismäßig niedrigen Neupreis? Oder an der einfachen Wartung, dem genügsamen Wesen? Oder der Abenteuer-Ausstrahlung? Die Antworten bleiben einer neuen Statistik vorbehalten.

Für immer und ewig: Markus und die 160.000 km-XT

Soll die Suche nach dem typischen XT-Fahrer ruhig in den Fängen abstrakter mathematischer Formeln steckenbleiben, mit Zahlen-Zauberei ist dem Geheimnis des XT-Erfolges sowieso nicht beizukommen. Punkt. Mehr zu bieten als das Hin- und Herschieben von Prozent-Posten hat hier eindeutig das pralle Leben. Also weg vom Schreibtisch und rein in die Szene. Die Suche nach den »richtigen«,

Stolzer Marathon-Mann: der Dortmunder Markus Send und seine 160.000-km-XT.

den »wahren«, den »echten« XT-Helden führt irgendwann nach Dortmund-Wickede und zu Markus Send. Das übrigens nicht, weil der schlanke, rotblonde XT-500-Fan dem statistischen Mitsui-Mittel am nächsten kommt, keineswegs. Erstens ist der Dortmunder Student, Hochschüler aber tauchen in der Statistik explizit gar nicht auf. Zweitens hat er seine XT nicht neu, sondern gebraucht gekauft.

Doch das alles ist nebensächlich angesichts der Tatsache, daß Markus zu den treuesten Seelen dieser Single-Szene zählt: Auf 1981 nämlich datiert der Beginn einer langen Freundschaft. Den Führerschein gerade frisch in der Tasche, tauscht der Gymnasiast drei große braune Scheine gegen 150 Kilo Motorrad. Der Eintopf mit Baujahr '78 hat 15.000 km abgespult, bevor er vom Verkäufer längere Zeit in den vorläufigen Ruhestand versetzt worden ist. Mit dem Nichtstun aber ist es nun vorbei. Ob Sommer oder Winter, ob zur Uni oder in den Urlaub, die XT wird kräftig gescheucht, und der Kilometerzähler erklimmt stetig immer höhere Regionen. Runde 160.000 sind es zum 15. Geburtstag der XT – Grund genug, den Lebenslauf des Marathon-Gespanns in groben Zügen nachzuzeichnen. Schließlich ist der Erfahrungsschatz von Markus Send ebenso authentisch wie schier unerschöpflich – und damit weitaus aussagekräftiger als alle Statistik. Zurück also ins Jahr 1981, dorthin, wo alles seinen Anfang nahm:

»Warum ich überhaupt eine XT 500 gekauft habe? Ich hatte immer schon den Gedanken, mit einem Motorrad reisen zu wollen. Eine Enduro schien mir für diesen Zweck angebrachter, weil ich den spinnerten Gedanken hatte, nach Afrika zu fahren. Ein Single, dachte ich, ein Single ist einfach, simpel, da kann man viel selbst machen. BMW wäre die Alternative gewesen, doch die blieb immer unerschwinglich. Sie war das Traummodell, zu dem man schielte, aber eben viel zu teuer. So kam ich zur XT. Am Anfang war ich gar nicht so begeistert von ihr.

Die Vibrationen zum Beispiel, die behagten mir nicht. Mir gefiel aber, daß das Motorrad Charakter hatte. Noch bevor ich den Führerschein machte, hatte ich mir eine Honda CB 250 G gekauft, einen wahren Schrotthaufen. Ich habe mich damals hingesetzt und das Ding zusammengehauen. Es fuhr dann hinterher auch tatsächlich. Ich war unheimlich stolz, daß das Ding lief. Ich hatte aber ziemlich viel Ärger mit der Honda, von daher war 'ne XT schon was anderes, mir schon viel sympathischer. Die funktionierte, alles war einfach, durchschaubar, irgendwie hatte ich eine ganze Menge Vertrauen zu dem Motorrad.«

Nichtsdestotrotz schwingt der Maschinenbau-Student erst einmal den Schraubenschlüssel und merzt gleich diverse kleine Schwächen aus – schließlich soll es ja eine dauerhafte Freundschaft ohne große Mißstimmungen werden: »Nach dem Kauf habe ich zuerst beide Räder auf Edelstahlspeichen umgespeicht. Als das Motorrad in meine Hände kam, war eine Speiche bereits gerissen und der Rest in keinem guten Zustand. Da ich auf längere Zeit mit der XT reisen wollte, habe ich mich zu dieser aufwendigen Maßnahme entschieden. Zudem habe ich gekapselte Industrielager eingebaut, weil mir das sicherer schien. Am Motor wurde anfangs gar nichts gemacht, er blieb unberührt bis auf die nötigen Wartungsarbeiten, wie Kontakte und Ventile einstellen. Eine Ausnahme war die Erledigung eines Garantiefalles im Zusammenhang mit der Übergabe der XT. Der Vorbesitzer hatte einen Ölabstreifring wechseln lassen müssen, der war allerdings von der Werkstatt falsch eingesetzt worden. Anfangs dachte ich, ich hätte einen Zweitakter, so qualmte das Motorrad die erste Zeit.«

Auch die Sekundärübersetzung paßt Markus seinen persönlichen Bedürfnissen an. Der Vorbesitzer hatte die XT 500 speziell auf Geländebetrieb ausgerichtet und für mehr Dampf aus dem Drehzahlkeller entsprechend kürzer übersetzt: »Da ich aber vor-

Angekratztes Make up, aber kein bißchen müde: Markus Sends XT-Triebwerk ist in Top-Form.

hatte, Langstrecken zu fahren, habe ich die Originalübersetzung wieder aufgelegt. Das macht im letzten Gang ungefähr 500 U/min aus. Mir war doch daran gelegen, die Drehzahl relativ niedrig zu halten.«

Die erste Zeit beschränkt sich Markus' Aktionsradius noch vornehmlich auf die nähere Umgebung, bald jedoch schließen sich Touren nach Holland oder in die Schweiz an: »Ein Freund hat sich zur gleichen Zeit eine XT neu gekauft und wir sind in dieser Zeit viel zusammen unterwegs gewesen.« Dieser Freund ist es auch, der Markus mit dem Fernreise-Bazillus infiziert: »Der ist schon früh nach Afrika aufgebrochen, '81 meine ich, zusammen mit seiner Schwester, die damals eine XT 250 besaß. Die kleine XT hat das Unternehmen übrigens nicht ganz so unbeschadet überstanden. Der ist das ganze Rahmenheck weggebrochen, weil die Belastung durch den Gepäckträger zu groß war.«

Ruf der Ferne: der Reise-Bazillus sitzt

Zwei Jahre später bricht auch Markus zu seinem ersten Afrika-Trip auf. Vorher aber steht noch ein Frankreich-Trip auf dem Reiseprogramm, als Belohnung für die gerade absolvierten Abitur-Klausuren. »Mit dem 8,5-Liter-Behälter war das eine mittlere Katastrophe. Auch von der Beladung her war das eine wahre Horrortour. Ich hatte mir Packtaschen aus Segeltuch genäht, in denen dann Benzinkanister steckten. Aus heutiger Sicht war das nicht professionell, nicht gut geplant. Immerhin, der Reisebazillus saß.« Nach vierzehn Tagen zuckelt der zusätzlich mit einem Freund beschwerte Eintopf-Expreß wieder Richtung Heimat, bis die Fuhre plötzlich stoppt: »Ich habe damals nicht bedacht, daß das Motorrad doch recht stark einfedert und deshalb die Kette zu stramm gespannt. Die hat sich daraufhin so extrem gelängt, daß ich das Ritzel hinten rund gefahren habe. Jedenfalls bin ich auf der Rückfahrt durch die Schweiz nicht mehr den Anstieg vom Genfer See Richtung Bern hochgekommen. Schlagartig ging nichts mehr.« Die Reparatur ist kein großes Problem, eher schon das leere Portemonnaie. Die Reisekasse nämlich enthält gerade mal das Spritgeld für die Rückfahrt. Eine kleine Werkstatt zeigt sich zum Glück äußerst kulant, läßt einen Kettenkit kommen, den Markus zudem eigenhändig montieren darf: »Ich habe als Pfand meinen Personalausweis dagelassen, und hab' von hier aus das Geld gleich überwiesen, woraufhin sie mir meinen Ausweis zurückschickten – mit zwei Aufklebern von der Werkstatt.«

Die Zeit zwischen Abitur und Wehrdienst nutzt Markus für einen sechswöchigen Afrika-Abstecher nach Tamanrasset über die klassische Hoggar-Route. Vorher aber macht sich Markus ans Werk, da die in Frankreich gewonnenen Erfahrungen nicht ohne Widerhall geblieben sind. Mit halben Sachen jedenfalls mag sich der zukünftige Maschinenbau-Ingenieur nicht zufriedengeben. So spendiert sich der Globetrotter einen 34 Liter fassenden Riesentank von Reinschlüssel und baut sich seinen zweiten Gepäckträger samt Alu-Boxen. Der erste, ein Tesch-Nachbau, hatte den Mann mit Perfektionstrieb nicht überzeugt. Die Mehrbelastung der Frontpartie fangen White-Power-Gabelfedern ab. Doch damit ist's noch nicht getan, denn die Konis wollen die zusätzlichen Kilos nicht recht schlucken: »Meine Ausrüstung ist halt sehr schwer, allein der Gepäckträger wiegt runde zehn Kilo, jede Packtasche, obgleich aus Alu, nochmals drei bis vier Kilo, da kommt man mit Schrauben etc. schnell auf zwanzig Kilo, das Benzin-Faß nicht zu vergessen. Das war auch der Grund, warum ich mir andere Stoßdämpfer besorgt hatte. Ich hatte die XT mit Konis gekauft, doch die waren zu schwach, die gingen bei Bodenwellen auf Block. Die Bilstein-Federbeine mit progressiver Dämpfung dagegen fahre ich auch heute noch. Bis jetzt sind sie absolut dicht. Es mag sein, daß sie ein wenig nachgelassen haben, ich kann mich aber nicht erinnern, daß sie irgendwann durchgeschlagen sind.«

Durchschlagende Veränderungen dagegen bringt die Bundeswehr in das Leben des frischgebackenen Abiturienten. Ausgedehnte Motorrad-Touren sind erst einmal ad acta gelegt. Der Ruf der Ferne verhallt vor dem Kasernen-Tor, die Belstaff weicht der Uniform, Truppenübungsplätze ersetzen den Sahara-Sandkasten. Nach 15 Monaten ist Markus reif für die Insel. Seine erste Solo-Tour führt 1984 nach Korsika: »Auf eigene Faust unterwegs zu sein, war eine tolle Erfahrung. Ich habe Autobahnen ganz gemieden und mir stattdessen diverse Alpenpässe gegönnt – und erste Geländetrips auf Schotterpisten.« Wiederum zeigt sich die XT von ihrer besten, ihrer zuverlässigsten Seite, der Mann am Lenker bleibt von Pannen verschont. Ein einzelner gerissener Kupplungszug und besagte Kette, mehr Ersatzteile hat der Single auf den ersten drei Reisen nicht gekostet: »XT-fahren war billig, als Schüler und Student war das ganz wichtig. Ich hab' damals neben der Schule Pakete sortiert, um mir das Motorrad zu finanzieren.« Sonderschichten zur Instandhaltung muß Markus auch in der folgenden Zeit nicht einlegen, die XT läuft und läuft und läuft. Vor der großen Türkei-Tour 1986 riskiert Markus trotzdem einen Blick in den Zylinder, sicher ist sicher: »Als sie dann auf die 50.000 zuging, dachte ich, es wär mal an der Zeit, den Motor zu zerlegen.« Viel zu tun ist allerdings nicht. Der Zylinder erhält sein erstes Übermaß und einen passenden Kolben, das ist alles. Das Kleingeld kann beruhigt in die Orient-Reise investiert werden. Der zweieinhalb Monate dauernde Trip ist 1993 Geschichte, die Route angesichts des Krieges in Jugoslawien ebenfalls. Anno '86 stehen Anschläge auf das Leben ausländischer Mitbürger in der Bundesrepublik ebensowenig auf der Tagesordnung wie auf dem Balkan der mörderische Bruderkrieg zwischen Moslems, Serben und Kroaten. Tito ist zu diesem Zeitpunkt zwar schon sechs Jahre tot, den unter der Oberfläche schwelenden Konflikten zwischen den Volksgruppen indes steht der Ausbruch noch bevor. Noch rollen ungebremst Urlauberströme an die Adria-Strände von Split oder der Insel Krc, zur Plitwitzer Seenplatte oder in die Altstadt Dubrovniks. Auch Markus legt auf seinem Weg in die Türkei in dem Vielvölkerstaat einen Zwischenstopp ein: »Ich hatte mich lange in Jugoslawien aufgehalten und dort einige nette

Wenn die Wüste ruft: Die Sahara ist des Enduro-Single's liebster Spielplatz.

Sachen erlebt. Einmal war ich einer Straße gefolgt, die sich als eine einzige Baustelle herausstellte, so felsig und steinig war die. Es wurde schließlich dunkel, mit der Sechs-Volt-Funzel sah man so gut wie gar nichts, das war schon ein kleines Abenteuer. Wenn man anhielt und die Taschenlampe rausholte, sah man überall nur riesige Spurrillen, und ich wußte gar nicht, wo es enden würde. Ich fuhr einfach weiter und kam dann tatsächlich in ein Bergdorf, wo alles in heller Aufregung war. Einige Kinder, die ein paar Brocken Englisch sprachen, luden mich sofort zu sich nach Haus ein. Das war das erste familiäre Erlebnis auf meinen Reisen.«

Über Griechenland erreicht Markus sein eigentliches Reiseziel. Erst fährt er die Westküste runter, dann in Richtung Landesinnere und weiter nach Anatolien – inklusive eines Abstechers an die russische Grenze. Von dort wendet sich der XT-Traveller zurück zur Südküste und wieder nach Istanbul: »Das war letztendlich wieder ein Urlaub, den die XT so gut wie unbeschadet überstanden hat, nicht einmal eine Schraube ist losvibriert. Nur ein defekter Regler, der die Batterie leersog, hat die Tour nicht überstanden. Die Schotterstraßen waren ziemlich hart und auch der Asphalt nicht ohne. Beschämt war ich über die unheimliche Gastfreundschaft. Überall wollten die Menschen mir etwas Gutes tun, mich zu sich einladen. Überall freuten sich die Türken, als sie hörten, daß ich ein Deutscher bin. Jedesmal berichteten sie von ihren Arbeitsstellen in Deutschland.«

On the road again: der Wüste wegen

Kaum ein Jahr später ist der Dortmunder wieder »on the road«. Zum zweitenmal ist Afrika das Ziel. »Das, was mich faszinierte, war die Wüste. Ich wollte nur alleine sein und vielleicht auch meine eigenen Grenzen kennenlernen. Jedenfalls habe ich mich kurz entschlossen aufgemacht in Richtung Süden.« Das Gepäck ist im Handumdrehen verstaut, die Ausrüstung tipptopp, schließlich jobbt Markus nebenher in einem Globetrotter-Shop.

In Genua nimmt der die Einsamkeit suchende XT-Fahrer die Fähre nach Tunis. Weiter geht's nach Algerien, auf der berühmten Tanezrouft-Piste durchquert er solo die Sahara, ein nicht ganz ungefährliches Unterfangen. »Die Tanezrouft war zu der damaligen Zeit gar nicht markiert. Es waren unheimlich viele Spuren da, man wußte nicht so genau, wo es wirklich langging, in welche Richtung. Offiziell gab's nur eine Tankstelle, unter Umständen bedeutete das 1.500 km ohne Sprit, ohne Wasser. Das war doch schon eine Herausforderung – und ein großes Risiko. Man durfte sich nicht verfahren und mußte haushalten mit allem, was man mit sich führte. Hinzu kamen Schwierigkeiten mit dem Untergrund, die Tanezrouft-Piste war nämlich streckenweise sehr versandet. Es war damals, aus heutiger Sicht, sehr leichtsinnig, die Strecke alleine zu fahren. Ein Sturz, eine Panne, die ein Fortkommen verhindert hätten, das hätte ausgereicht... Ich hatte ganz am Anfang dieser Tour einen Italiener kennengelernt, der ursprünglich mit mir zusammen diese Piste fahren wollte. Wir hatten uns aber getrennt, da es ihn noch woanders hinzog. Nach meiner Rückkehr habe ich erfahren, daß ein italienischer Motorradfahrer in dieser Gegend verschollen sei. Es sollte sich später herausstellen, daß die Nachricht wirklich meinen Reisegefährten betraf. Auch er war allein unterwegs.«

Markus bleibt ein solches Schicksal erspart, von Existenzängsten allerdings wird er nicht verschont. »Die Tanezrouft-Piste ist sehr eben, man meint, sich nicht von der Stelle zu bewegen. Wenn man den Motor ausschaltet, ist nur dieses Ticken der hitzegeplagten Mechanik zu hören, mehr nicht. Diese Stille hat fast etwas Erdrückendes, ganz abgesehen davon, daß man oft genug damit zu kämpfen hat, ob man der richtigen Spur, dem richtigen Wegweiser gefolgt ist.« Markus orientiert sich per Kompaß und IGN (Institute Géographique Nationale)-Karten, doch letztere sind nicht immer auf dem neuesten Stand, denn »Pisten verändern sich laufend unter dem Einfluß von Wind und Sand. Brunnen, die eingezeichnet sind, müssen kein Wasser führen, Tankstellen können kein Benzin haben.« Wüste, das heißt auch immer ein Stück weit Ungewißheit, unabhängig von der Art der Vorbereitung. Die Umwelt ist reduziert auf das intime Dreiecksverhältnis Mensch, Maschine, Natur. 1.500 Kilometer ist Markus allein auf sich und seine XT 500 gestellt. Niemand nimmt ihm Entscheidungen ab, Entscheidungen dazu, die womöglich lebensgefährdende Folgen haben können. An manchen Tagen machen die XT und ihr Fahrer nur 20, 30 Kilometer, je nach Bodenbeschaffenheit. Kraft raubt auch das Klima.

»Sobald die Sonne rauskommt, ist es so, als wenn die Heizung angeknipst wird. Es ist sofort drückend heiß, im Sommer schießen die Temperaturen über die 60-Grad-Marke. Einzig erträglich ist nur die Nacht.«

Kurze Sandpassagen, bei denen der Motor im ersten Gang in den roten Bereich dreht, treiben die Öltemperatur hoch bis 150 Grad Celsius. »Sobald ich das bemerkte, habe ich den Motor abkühlen lassen. Schließlich war das meine Lebensversicherung, daß die Technik funktionierte. Ich kann mich noch daran erinnern, bei der ersten Tour nach Afrika sehr, sehr viele Ersatzteile mitgeschleppt zu

Reparatur auf afrikanische Art: Ein direkt auf die Welle geschweißtes Blech sichert ein lockeres Ritzel.

Mein Name sei Wühlmaus: Die Piste des Wadi Rum hat es in sich – weicher Sand auf Schotter fordert Mann und Maschine.

haben. Die nahmen dermaßen viel Platz und Gewicht ein, daß ich mir hinterher gesagt habe, das ist sowieso alles Quatsch. Du mußt einfach ein Motorrad fahren, daß funktioniert und durchhält. Man darf nur Dinge mitnehmen, die klein, leicht, gut zu verpacken und auf andere Art und Weise nicht reparabel sind.«

Unter solchen Bedingungen erhält die Mensch-Motorrad-Beziehung eine besondere Bedeutung: »Wenn man so allein in der Wüste steht, erwischt man sich schon dabei, daß man mit seinem Motorrad spricht. Das wird so ein richtiger Kommunikations- und Lebenspartner. Man ist seinem Motorrad auf Gedeih und Verderb ausgeliefert. Wenn es alle Viere von sich streckt, dann ist es vorbei.« Pause. Stille. Erinnerungen werden wach. Nach einer Pause setzt Markus hinzu: »Irgendwie entsteht schon eine enge Verbindung zu dem Motorrad.« Darin inbegriffen ist penible Pflege: »Ich hab' immer sehr, sehr sorgfältig das Motorrad präpariert und versucht, Wartungsintervalle wenn eben möglich einzuhalten. Den Ölstand zum Beispiel habe ich immer peinlichst genau überprüft.« Der Erfolg gibt dem Maschinenbau-Studenten recht, denn bis auf eine defekte Tachowelle und ein zerdrehtes Ölwannen-Gewinde gibt's keine besonderen technischen Vorkommnisse. Der Tacho-Ausfall produziert anfangs eine gewisse Nervösität, da zurückgelegte Entfernungen nur noch grob geschätzt werden können. Aber auch das bekommt der XT-500-Fan in den Griff: »Was man auf solchen Reisen lernt, ist Gelassenheit, die Fähigkeit, sich von solchen Vorkommnissen nicht mehr aus dem Konzept bringen zu lassen.« Gelassenheit ist auch beim Grenzübertritt von Algerien nach Mali gefragt. Die XT 500 ist das einzige Fahrzeug, das es abzufertigen gilt. Trotzdem bedeutet der Grenzposten, daß der deutsche Motorrad-Reisende sich zu gedulden habe – er müsse auf den Chef warten. Also macht es sich Markus am Straßenrand gemütlich, kocht einen Tee und lädt den Grenzbeamten ein. Der setzt sich prompt dazu, die beiden kommen ins Gespräch – und nach einer Viertelstunde sind alle Formalitäten erledigt.

Von Mali aus steuert Markus zur Elfenbeinküste und nach Niger, bevor es über die östliche Hoggar-Route wieder Richtung Heimat geht. Nach vier Monaten und über 16.000 Kilometern findet die Afrika-Tour ihr Ende, der Kohlenpott hat den Globetrotter wieder.

100.000-km-Service: Frischzellenkur

Ende des Jahres 1987 dann erlebt der Kilometer-Zähler die Stunde Null – 100.000 km liegen hinter der XT, die nicht zuletzt infolge der Strapazen auf dem Schwarzen Kontinent für eine große Überho-

Auf einem Parkplatz bei Zagreb endet bereits der geplante Ägypten-Ausflug. Diagnose: kapitaler Kolbenfresser.

lung reif ist: »Ich habe das Motorrad komplett zerlegt und sämtliche Blechteile, vom Batterie- bis zum Nummernschildhalter sandstrahlen und galvanisch verzinken lassen. Alle Schrauben habe ich, soweit möglich, durch Inbus-Versionen in V2A-Qualität ersetzt. Diese Maßnahme hat zum einen meinen Werkzeug-Umfang auf Reisen drastisch reduziert, zum anderen konnte ich sicher sein, die Schrauben unterwegs auch wirklich lösen zu können. Der Zylinder erhält zu diesem Zeitpunkt seine zweite Übergröße, der Kopf bleibt weiter original, wird nur neu abgedichtet. Ersetzt habe ich zudem das Kickstarter-Anschlagblech und das defekte Gewinde in der Ölwanne repariert. Das war's dann auch schon von der Motorseite. Rein prophylaktisch bekam die XT eine neue Kupplung samt verstärkten Federn verpaßt, das aber nur, weil ich sowieso an der Arbeit war. Dazu ein Kegelrollenlager für Steuerkopf, das bis heute problemlos seinen Dienst versieht, einen Sebring-Auspuff und neue Bremsbeläge.«

Solchermaßen verjüngt steht der XT 1988 eine Reise auf dem Landweg nach Ägypten bevor. Der erste Anlauf aber findet auf einem Parkplatz bei Zagreb ein unerwartetes und plötzliches Ende. Ein kapitaler Kolbenfresser zwingt zum Rückzug. »Die Kurbelwelle ist auf der rechten Seite hohlgebohrt. Vom Ölfilter kommt ein kleiner Bypass, der direkt das Pleuelhauptlager schmiert. Dort spritzt das Öl an der Seite hoch, kühlt – normalerweise – den Kolben und schmiert gleichzeitig den Kolbenbolzen. Eine Verstopfung der Bohrung führte jedoch zum Ausfall der Schmierung.«

Enttäuscht über seinen ersten Motorschaden steuert Markus die herzkranke XT zurück nach Dortmund, wo statt Urlaubsfreuden erst einmal eine größere Operation ansteht: »Nach meinem Jugoslawien-Trip hatte ich so dicke Riefen im Zylinder, daß der nicht mehr zu retten war. Glücklicherweise lagen zu Hause zwei Ersatzmotoren, einer in Teilen,

Extremtouren fordern ihren Tribut: Frischzellenkur bei 100.000 km.

einer komplett, an denen ich mich bedienen konnte. Der eine Motor befand sich noch im Originalzustand, den Zylinder habe ich dann auf die erste Übergröße aufbohren lassen. Mit diesem Zylinder fahre ich auch heute noch. Bis auf das Ausschleifen des Zylinders und das Überholen der Kurbelwelle habe ich immer alles eigenhändig erledigt.« Markus beläßt es nicht bei einem kleinen Eingriff, sondern nimmt sich, da er die »Nase voll« hat, gleich der ganzen Motor-Getriebe-Einheit an. Das Getriebe wird komplett neu gelagert, Kurbel- und Nockenwelle ebenfalls. Vorsorglich spendiert er sogar noch eine neue Steuerkette plus Spanner. Derart gerüstet folgt der zweite Anlauf. In einem Rutsch und bei Regen wird die Etappe von München nach Kavála im Nordosten Griechenlands absolviert. Diese Bewährungsprobe absolviert die XT ohne Mucken, der Motor hält, das Vertrauen in die Zuverlässigkeit der XT-Mechanik ist wieder voll da. Von nun an kann sich Markus wieder ganz und

Auf den Spuren Moses: kurzer Stop während einer Sinai-Passage.

gar den Reizen der Route widmen. Über die Türkei geht's weiter nach Syrien, wo Markus vier Schweizer Enduristen kennenlernt, mit denen er seine Tour in Richtung Jordanien fortsetzt. Von der aufstrebenden arabischen Metropole Amman aus zieht das Fahrzeug-Quartett Richtung Rotes Meer. Vorher aber wagt man noch einen Abstecher in die Wüste. Die »teuflische Piste« des Wadi Rum hat es in sich – weicher Sand über Schotter zwingt die Motorrad-Besatzungen zu Wühlarbeit. Die Schweißbäder erträglich macht das wilde Panorama der Halbwüste nördlich der Hafenstadt Aqaba. Ins Schwitzen kommen die vier auch auf der Gefällstrecke runter zum Hafen, zahlreiche Lkw-Leichen am Straßenrand lassen rauhe Sitten erahnen.

Eine Fähre setzt die deutsch-schweizerische Reisegemeinschaft über auf die Sinai-Halbinsel und ägyptischen Boden. Dort schlagen erst einmal die Bürokraten zu, den Motorrädern werden ägyptische Kennzeichen und eine Extra-Versicherung verordnet, bevor die Weiterfahrt zum Katharinen-Kloster möglich ist. Ungestörtes Sinai-Sightseeing verhindern jedoch Militärkontrollen und gesperrte Pisten, per Eskorte sogar wird der Tunnel unter dem Suez-Kanal passiert. Riesige Müllhalden künden hernach vom nahenden Moloch Kairo mit seinen mehr als 15 Millionen Einwohnern. »Ein irres Erlebnis« ist das ständige Gedränge und ein unglaublicher Verkehr, der sich scheinbar regelungslos über die Megalopolis ergießt. Nur allzubald geben Markus und seine Gefährten dem anarchistischen Treiben den Laufpaß und wenden sich den Pyramiden von Gizeh zu, um später durch eine Sandwüste dem Roten Meer entgegenzusteuern. Dem Badespaß in einem Touristennest aus der Retorte folgt eine Flußfahrt am Nil entlang zum Assuan-Staudamm und zu den Tempelanlagen von Abu Simbel. Der Versuch, in den Sudan zu gelangen, scheitert an geheimen Raketenbasen in der Wüste und damit verbundener strenger Kontrolle der Grenzgebiete. Also entscheidet sich die Gruppe, über die Oasenstraße und durch die Libysche Wüste nach Kairo zurückzukehren. Auf dem Weg dorthin passiert's: Eine mit einem Schweizer Pärchen besetzte Suzuki DR 600 kracht in ein Schlagloch. Die beiden Biker kommen mit dem Schrecken davon, nur der DR-Rahmen nimmt den Sturz krumm. Um das havarierte Wüstenschiff zu schonen, erhält Markus mit einem Schlag eine Passagierin, womit die gute, alte XT völlig überladen ist. Doch die trägt's mit Gleichmut, »genügsam wie ein Kamel hat die XT ihren Dienst versehen.« Von Ägypten geht's weiter nach Israel und in Haifa auf eine Fähre nach Griechenland.

Der Abschied vom Orient fällt nicht schwer: »Nach drei Monaten auf Tour war ich reisemüde, meine Aufnahmefähigkeit war einfach erschöpft.« Extreme Sicherheitskontrollen an der ägyptisch-israelischen Grenze (»mehrere Stunden Aufenthalt, wir wurden einzeln befragt«) und am Hafen (»wir mußten alles auspacken, sogar das Zeltgestänge wurde geröntgt«) sowie der vorzeitige Heimflug von Markus' Beifahrerin, die sich eine schwere Allergie zugezogen hat, tragen ebenfalls dazu bei, das Reiseflair verfliegen zu lassen.

Pech in Patras: Lagerschaden

Es soll aber noch dicker kommen. Nach einer einwöchigen Seefahrt landet das verbliebene Trio in Piräus. Von dort rollen die drei Motorräder Richtung Patras, wo die Fähre nach Ancona wartet. Die aber soll die XT aus eigener Kraft nicht mehr erreichen: »30 Kilometer vor Patras machte die XT plötzlich Geräusche, als wenn jemand mit einem Hammer im Motor sitzt und irgendwo gegenschlägt.« Kurzum wird eine Seilschaft gebildet und Markus' Motorrad abgeschleppt. Da man einen Tag auf das Schiff nach Italien warten muß, zerlegt Markus an Ort und Stelle den Motor. »Das Kurbelwellenhauptlager hatte es erwischt, da ein Kugelkäfig zerborsten war. Das hat mich maßlos enttäuscht.«

In Ancona erwartet die mittlerweile genesene Schweizerin mit Schwester und Citroën GS den Pechvogel. Gabel, Schutzbleche, Tank, Sitzbank und Räder der Yamaha werden erst demontiert und dann ins Auto verfrachtet.

Zurück in Dortmund kommt die XT in den Keller, die Lust am Schrauben ist für die nächste Zeit dahin. Ein halbes Jahr vergeht, bis Markus den Schaden endlich beseitigt. Wieder einmal wird der Motor gestrippt. Neben dem defekten Kurbelwellen-Lager ersetzt der Maschinenbau-Student sicherheitshalber auch alle Getriebe-Nadellager.

Im nächsten Jahr kommt die XT 500 bis auf einen Elsaß-Kurztrip nicht groß zum Zuge. »Im Sommer 1989 war ich mit dem Fahrrad in Norwegen, die XT habe ich dabei ehrlich gesagt nicht vermißt.« Erst die folgende Saison bringt den Spaß am Single zurück. Ein Griechenlandurlaub mit Freundin steht auf dem XT-Dienstplan. Vorher erhält die XT allerdings eine verchromte Kastenschwinge von Wunderlich. »Ich merkte, daß die Schwinge weich wurde. Leute die hinter mir herfuhren, bestätigten, daß das Hinterrad seitlich enorm versetzte. Ich bin auch im Winter gefahren, meine XT war nie abgemeldet. Deshalb habe ich die Schwinge regelmäßig ausgebaut, penibel gesäubert, abgeschmiert und wieder eingebaut. Die Schwingenlager habe ich bis zum Kauf der neuen Schwinge nicht gewechselt.«

Auf der anschließenden Peloponnes-Tour inklusive Inselspringen nach Naxos und Paros verlangt die XT nur nach Sprit, Öl und Rücklichtbirnen – und rehabilitiert sich damit. Mangelndes Vertrauen ist also nicht der Grund für fehlende Ferien-Einsätze der XT 500 in den Jahren 1991 und 1992, im Gegenteil. Um sein Studium voranzubringen, tauscht der Studiosus Markus gezwungenermaßen die Sitz-

Feinarbeit am Fahrwerk: Eine Kastenschwinge hat das an Material-Ermüdung erkrankte Original-Teil ersetzt.

Vorsorge statt böses Erwachen: Wer die Öltemperatur im Auge behält, schont das XT-Triebwerk.

bank mit dem Schreibtischstuhl. Was der XT bleibt, ist ordinärer Alltagsbetrieb. Statt der Weite der Wüste stehen überfüllte Ruhrgebiets-Straßenschluchten auf dem Programm. Und naßkalte Winternächte, denn die XT sieht über zwei Jahre keine Garage: »In der Zeit hat sie sehr gelitten.«

Seinen Höhepunkt erreicht der Leidensweg der XT, als sie, draußen abgestellt, im Herbst '92 von einem Autofahrer umgekachelt wird. »Wirtschaftlicher Totalschaden« urteilen angesichts des fortgeschrittenen Alters und der 160.000 km des Enduro-Fossils die Versicherungsgutachter.

Wiedergeburt statt Schrottpresse: Happy Birthday

Dem Todesurteil mag sich Markus gar nicht anschließen. Zum fünfzehnten Geburtstag schenkt er seiner XT eine Überholung. Die Schäden, unter anderem eine dicke Delle im Tank, werden beseitigt, und das Drum und Dran wird prächtig poliert. Der Erfolg der Mühen: Blitzblank präsentiert sich der Ballermann im Spätsommer '93. Klar, die Jahre haben Spuren hinterlassen, hier und da zieren kleine Macken das Motorrad. Angesichts der Laufleistung aber sind das kaum mehr als Schönheitsfehler. Zumal es die XT, von Ausnahmen abgesehen, an Zuverlässigkeit nicht hat fehlen lassen:

»Der Zylinderkopf ist hundertprozentig original. 160.000 haben die Ventilführungen und Ventile hinter sich gebracht. Erneuert habe ich von Fall zu Fall allein die Ventilschaftdichtungen. Dazu habe ich die Sitze gereinigt und die Ventile neu eingeschliffen. Auch Nockenwelle und die Kipphebel sind seit Anfang an drin. Das hat wohl daran gelegen, daß ich meinen Motor doch auf eine gewisse Art und Weise geschont habe. Vollgasfahrten auf der Autobahn habe ich vermieden und mir zudem schon ganz zu Anfang ein Ölthermometer gekauft. Daraufhin ist mir aufgefallen, daß der Motor bei hohen Drehzahlen sehr schnell sehr heiß wird – zum einen im Gelände, wenn man in niedrigen Gängen fährt, zum anderen auf der Autobahn. Selbst wenn die Verkehrsverhältnisse eine höhere Geschwindigkeit erlaubten, habe ich mich in Hinblick auf die Lebensdauer meines Motors und den Verschleiß an mein selbstgewähltes Tempo-Limit von 100 bis 110 km/h gehalten. Abgesehen davon steigt über dieser Geschwindigkeit der Verbrauch doch stark an. So kann ich selbst mit vollem Gepäck mit einem Verbrauch von fünf Litern rechnen. Im Gelände werden es auch mal sechs oder sechseinhalb, doch das ist die absolute Ausnahme. Normalerweise bin ich mit einem Liter Öl ohne Probleme 2.000 km weit gekommen – dank der Vermeidung von hohen Drehzahlen. Außerdem habe ich immer widerstanden, Tuning-Artikel einzubauen. Eine Doppelschmierung dagegen hat die XT gleich bekommen, als sie auf den Markt kam.«

Umgerüstet wird die XT auch auf 12 Volt, wenngleich die Aktion anfangs Probleme bereitet, da Regler und Gleichrichter zweimal ausgetauscht werden müssen. »Das schwache Licht ist gar nicht zu entschuldigen, das hat auch nichts mit klassischem Design zu tun. Gerade in diesem Punkt hätte man sich bei Yamaha schon viel früher um eine Alternative bemühen müssen.« Für Extrembelastung zu geringe Federwege und schwache Bremsen moniert der Marathon-Mann ebenso wie ein Pleuelauge, das auslaufen kann, weil vom Werk keine Büchse eingesetzt wird.

In der Gesamtbeurteilung seines Motorrades gibt sich der XT-Kenner keinerlei Illusionen hin: »Im Prinzip ist es ein unkomfortables Motorrad. Die XT verhält sich im Gelände störrisch, ist nicht besonders leicht beherrschbar. Sie läuft Spurrillen nach und hat gleichzeitig zu wenig Leistung, um das Manko ausgleichen zu können. Es erfordert sehr viel Kraft und das macht's anstrengend. Ich schätze, daß man auf moderneren Motorrädern sich einfacher tut und komfortabler und damit sicherer unterwegs ist.«

Nichtsdestotrotz ist der Dortmunder seiner XT über zwölf Jahre hinweg treu geblieben: »Ja, ich hab' sie behalten. Einerseits spielen die Finanzen eine Rolle. Die Reisen haben immer relativ viel Geld geschluckt. Auch wenn ich eine 600er gekauft hätte, hätte ich sie umrüsten müssen, um sie reisetauglich zu machen. Ich habe da lieber in meine XT investiert, denn da weiß ich, was ich habe. Der einfache Aufbau des Motors und seine Reparaturfreundlichkeit sind eindeutig von Vorteil, eine XT 600 ist da im Vergleich um einiges komplizierter.« Als Markus das sagt, huscht ein Lächeln und ein Anflug von Stolz über sein Gesicht. Nein, verkaufen wird der Mann seine Maschine nie.

Bis ans Ende der Welt: die Extratouren der XT 500

Weite Reisen in ferne Länder sind das Faible von XT-Fahrern, das belegen nicht zuletzt zahlreiche Reisereportagen. Kein Winkel der Erde ist sicher vor den Single-Steuermännern und -frauen, kein Weg zu weit für ihr zähes und ausdauerndes Zweirad. Auf alle Kontinente zog und zieht es XT-500-Fans. TOURENFAHRER-Leser Rolf Thierry zum Beispiel tourt auf einer XT quer durch Amerika, vom äußersten Norden bis in den tiefsten Süden trägt ihn sein Eintopf, insgesamt 50.000 km spult der Globetrotter auf seinem Weg von den frostigen Weiten Alaskas bis nach Ushuaia ab, der südlichsten Stadt der Welt, wo es ebenfalls erbärmlich kalt ist. Egal, die Yamaha steckt die Tortur problemlos weg.

Nicht nur in der Kältekammer, auch in den heißesten Zonen verrichtet die XT gewöhnlich zuverlässig ihren Dienst. Das stellt als einer der ersten der schwäbische Arzt Dr. Peter Falb unter Beweis, als er im Sommer 1977 auf einer MOTORRAD-Dauertestmaschine die Sahara durchquert – das gleich zweimal und auch noch in der heißesten Jahreszeit.

Die XT erträgt die nicht gerade alltäglichen Teststrapazen mit bemerkenswerter Gelassenheit – immerhin entsprechen die gefahrenen 25.000 km einer Belastung von etwa 75.000 km unter »normalen Bedingungen«. Ein rostender Auspuff und übermäßiges Kolben- und Kolbenringspiel plus leichter Zahnausfall im Getriebe, mehr ist nach der schweren Schinderei nicht zu beklagen.

Mußte Falb seinen zusätzlichen Sprit 1977 noch behelfsmäßig in einen Sitzbanktank, Kanister und Schnapspullen füllen, so konnten sich Klaus Treibel und Bernd Tesch zwei Jahre später schon in Eigenarbeit aufwendig ausgerüsteter XT 500 bedienen. Die von Mitsui zur Verfügung gestellten Einzylinder-Maschinen rüsten die beiden Globetrotter zu profes-

Sand-Show: Mitsuis Marketing-Strategen erkannten schnell die Werbewirkung der Wüste.

Enduro-Evergreen: Die Yamaha XT 500 – hier eine englische Version aus dem Jahr '77 – wurde zu einer Legende.

Schauplatz Syrien: Am Rand der alten Oasenstadt Palmyra spielt diese Szene aus tausendundeiner steinigen Nacht.

Sein oder Design: Yamahas XT-500 S(onder-modell) fühlt sich auf Pracht-Boulevards besonders wohl.

Natur-Make up: Auch Schlammpackungen stehen einer XT gut zu Gesicht.

Der »Wolf« jagt die Yamaha. Hauptdarsteller: Wolf Eggers und Yamaha XT 500. Drehort: Nordafrika, 90 Kilometer vor Arak.

**Achtung Schwertransport:
Die Sanddünen West-
Algeriens können die
Fahrt nur kurz stoppen.**

Zeitvertreib für frostige Winterabende: XT-500-Motor-Puzzle.

Auch die Zigaretten-
marke Reval bediente
sich des Männer-Mythos
XT 500.

Abenteuer-Afrika: Die legendären Erfolge bei Paris–Dakar bescherten dem Yamaha-Single (im Bild Bacous 82er XT 570) enorme Publizität.

3. Rallye Paris – Dakar 1981: Nasse Füße holt sich hier Sonauto-Star Serge Bacou – am Ende Gesamtzweiter hinter BMW-Pilot Hubert Auriol.

Eine seltene Erscheinung blieb in Deutschland die Offroad-Variante der XT: Yamaha TT 500.

sionellen Fernreiseprototypen um. So ersetzt ein 27-Liter-Stahlblechtank, der elastisch aufgehängt wird, den unzureichenden Originalbehälter. Ein sechsfach verschraubter Gepäckträger aus Vierkantrohr mit zusätzlicher Versteifungsstrebe ums Heck nimmt die ebenfalls selbstgebauten Alu-Packtaschen sowie Zusatzkanister auf. Die Motoren erhalten 1,8 mm starke Fußdichtungen, welche die Kompression reduzieren und die XTs auch schlechten Sprit ohne zu Murren schlucken lassen. Öltemperatur- und -druckmanometer, Metzeler-Sixdays-Reifen und Lampen-Steinschlaggitter gehören ebenso zu den von Tesch und Treibel verordneten Änderungen.

Die 10.400-km-Tour von Aachen nach Lomé absolvieren die derart modifizierten XTs mit Erfolg und dienen unzähligen XT-Fahrern in den nächsten Jahren als Vorbild. Dicker Tank und riesige Alu-Koffer gehören seitdem zum absoluten Muß für die XT-Fernreiseklientel – nicht nur für Afrika-Fans. So oder so, die Reisewelle rollt. Und die XT läuft und läuft und läuft – zuverlässig natürlich.

Survival of the fittest: Beispielhafte Packliste von Globetrotter Bernd Tesch für Afrika-Fahrer.

Sportliche Spitzenleistungen

Vive la France: Sonautos Sinn für Sport

Der Blick fällt auf das Bild eines fetten Benzinfasses. Darauf das Logo Yamaha XT 500. Darunter in dicken Lettern ein französisches Wortspiel: »Depuis 4 ans, elle montre ce qu'elle dans le ventre« – seit vier Jahren zeigt sie, was in ihrem Bauch steckt. Dann folgt eine Aufzählung der Verzehrgewohnheiten des hungrigen Japaners mit frankophilem Einschlag: »Sie schluckt gern Kilometer, frißt Piste und Wüste, ohne das Budget der verrückten Fernfahrt-Teilnehmer zu verschlingen, egal ob Rennfahrer oder Amateur. Seit vier Jahren sitzt sie am Abenteuer-Tisch und sichert sich seitdem die besten Bissen. Schauen Sie auf die Liste ihrer Erfolge. Und seien Sie unbesorgt, damit ist noch nicht Schluß. Appetit kommt beim Essen.« Diese Anzeige erscheint 1981 in französischen Fachzeitschriften und spielt – Liebe geht durch den Magen – auf den Rallye-Ruhm an, mit dem der Importeur Sonauto für die XT 500 wirbt. Was nichts anderes als eine Form von Direktvermarktung ist, denn auf sein Konto geht ein Großteil der aufgeführten Siege und Plazierungen. Die Nachbarn jenseits des Rheins haben eben nicht nur ein Faible für Gaumengenüsse, sondern auch ein Herz für den Motorsport.

Ortswechsel. Wir sind in Saint-Quen l'Aumône. Selbst ausgewiesene Frankreich-Experten werden bei Nennung dieses Namens nur mit den Achseln zucken. Verständlich, denn Aufregendes hat das Industriegebiet im Pariser Norden wirklich nicht zu bieten. Dort allerdings residiert Sonauto, der französische Importeur nicht nur von Porsche oder Mitsubishi, sondern seit 1965 auch von Yamaha. Seit dem 1. Januar 1992 firmiert der Motorrad-Vertrieb zwar unter Yamaha Motor France (60% Sonauto,

Alle Wege führen nach Afrika: Der Wegweiser in den Räumen von Yamaha Motor France versprüht einen Hauch von Paris – Dakar.

40% Yamaha), der Mann an der Spitze aber ist derselbe geblieben: Jean-Claude Olivier. Seinem Einsatz wiederum ist das enorme sportliche Engagement von Sonauto/YMF zu verdanken, das die Geschichte der »Rallye Paris – Dakar« und gleichzeitig auch der XT 500 entscheidend geprägt hat.
Keine Frage, ein Hauch von Afrika durchweht den modern-nüchternen Neubau von Yamaha Motor France. So stößt man im Erdgeschoß unweigerlich auf einen hölzernen Wegweiser, der auf den ersten Blick gar nicht in das glatte Ambiente aus Glas und Beton zu passen scheint. Doch gerade dieser archaisch anmutende Baumstamm mit seinen vielen Hinweisschildern steht stellvertretend für das besondere Flair bei Yamaha Frankreich, sozusagen als eine Insel der Faszination im Meer funktionaler Einheiten. Die Ortsnamen nämlich, die auf dem Wegweiser zu finden sind, rufen bei jedem Rallye-Fan und Algerien-Kenner eine Flut von Eindrücken und Bildern wach: Les 4 Chemins, In Amenas, Tamanrasset, Hassi Messaoud oder Bordj-Omar-Driss. Einige Schritte weiter wird die Phantasie durch ganz und gar reale Raritäten angeregt: Motor an Motor, Tank an Tank, Rad an Rad ist dort ein Stück Motorsportgeschichte aufgereiht: Die Sonauto-Werksmaschinen der Rallye Paris – Dakar, ganz vorn drei XT 500 aus den Jahren '79/'80, '81 und '82.

Abenteuer Afrika:
Mit Vollgas durch die Wüste

Am 14. Januar 1979 ist es geschafft. Nach 10.000 Kilometer quer durch Afrika rollen die ersten von siebzig noch verbliebenen Fahrern in Dakar ein. Ganz vorn beenden zwei Yamaha-Piloten die Erstausgabe der wohl härtesten Rallye der Welt. Es siegt überraschend der 22jährige Cyril Neveu auf einer vom F.D. Moto Shop in Orléans vorbereiteten XT 500, Sonauto-Star Gilles Comte, ebenfalls auf einer XT unterwegs, steuert auf Platz zwei. Mit diesem Doppelschlag leuchtet der Stern des Single heller denn je, das überragende Abschneiden der seriennahen Motorräder bei diesem Dauertest unter Extrembedingungen bringt der Yamaha einen riesigen Vertrauens-Bonus, und das zu Recht. Siebeneinhalb Stunden Differenz zwischen dem ersten und zehnten Platz, eine Ausfallquote von fast 60 Prozent, Orientierungsprobleme, knallhartes Klima und zum Teil schwere Stürze mit bösen Folgen charakterisieren die außergewöhnlichen Anforderungen an Mensch und Material.
Der Erfolg bei Paris – Dakar beschert dem japanischen Einzylinder zwar reichlich Publizität, nicht aber die erste Rallye-Bewährungsprobe. Im Jahr 1977 bereits schlägt für die Halbliter-Enduro bei der zweiten Auflage von Abidjan-Nice die Stunde der Wahrheit. Schon die Premiere dieser »Rallye Côte d'Ivoire-Côte d'Azur« (die Route führte von der Elfenbeinküste über Obervolta, Niger, Algerien, Marokko und Spanien bis nach Frankreich) im Jahr zuvor beinhaltet all das, was Afrika-Rallyes so berühmt-berüchtigt machen soll: Ein für Autos wie Motorräder offenes Rennen, ultralange Distanz (hier 9.300 km), schwierige Streckenführung, große Etappen und kaum Erholungsmöglichkeiten fordern die Fahrer bis an den Rand ihrer Kräfte – und noch darüber hinaus. Zwei Motorradfahrer bezahlen das Abenteuer mit ihrem Leben, nur vier von 36 gestarteten Zweirad-Artisten kommen durch. Schnellster ist Gilles Mallet (Honda XL 250), der Chefredakteur von MOTO VERTE, dahinter folgen Gilles Comte (Yamaha DT 400), Bernard Penin (Honda CB 250 G) und Didier Orelio (Kawasaki 400 KZ).
Das Siegermotorrad ist eine von sieben Maschinen (vier XL 250, eine XL 125, zwei CB 250 G), die eigens von Honda Frankreich vorbereitet worden sind. Die vorgenommenen Änderungen sind sym-

ptomatisch dafür, wie in den Anfängen der Afrika-Rallyes einer serienmäßigen Enduro ein Rallye-Kleid angepaßt wird. Aus Sorge um die Haltbarkeit verbleibt der Motor der Mallet-XL im Originalzustand, während das Drumherum Opfer größerer Umbaumaßnahmen wird. So stammen Gasgriff und Lenker von einer Cross-Honda und die Reifen von Metzeler. Die Ausgangsbasis für den XL-Tank spendiert eine 500er Honda, nach diversen Schweißarbeiten faßt die Sonderanfertigung 23 Liter. Batterie und Blinker fallen weg, die Sitzbank wird zugunsten des Gepäckträgers verkürzt und zwecks größerer Atmungsaktivität mit Leder bezogen. Nicht angetastet werden die Federelemente – im Gegensatz zur Sekundärübersetzung, die man mittels eines 15er Ritzels auf Geländebetrieb umstellt. Kunststoff-Kotflügel mit zusätzlichen Schmutzfängern und eine per Loctite gesicherte Verschraubung beschließen die Änderungsliste.

Derartige Umbauten aber sind nicht selbstverständlich. Zum Fahrzeug-Feld der ersten Rallye Abidjan-Nice zählen unter anderem eine praktisch serienmäßige 900er Kawasaki und eine Öl spuckende Norton Commando. Angesichts der brutalen Anforderungen afrikanischer Pisten ist das kaum mehr als ein schlechter Scherz. Die Quittung kommt prompt, beide Motorräder fallen früh aus. Eine derart übermütige Materialwahl fällt unter die Kategorie »Skurrilitäten«, die Zukunft gehört geländegängigen und robusten Maschinen à la XT 500.

Das erkennt auch der französische Journalist und Fernfahrt-Fan »Fenouil« (Fenchel), der auf einem speziell präparierten Kawasaki-Twin auf Basis der Z 400 ins Rennen geht und zwischen Tamanrasset und Fès mit defekter Lenkung liegenbleibt. Nach Ende der ersten Afrika-Rallye konstatiert Jean Claude Morellet, so »Fenouils« bürgerlicher Name, mit Weitblick: »Wenn der 500er Einzylinder-Viertakter hält, was er verspricht, wird er nächstes Jahr fürchterlich zuschlagen.«

534 ccm und 35 PS: der Motor von Serge Bacous 81er Paris-Dakar-Maschine mit Wiseco-Kolben und 38er Mikuni-Vergaser.

Fenouil soll Recht behalten, am Start der mit 8.600 Länge km leicht verkürzten und nun durch Libyen, Tunesien und Italien führenden Neuauflage stehen allein 16 XT-500-Fahrer. Mit ihnen brechen am 29. Dezember 1976 von Abidjan aus insgesamt 36 Zweirad-Athleten nach Nizza auf, darunter erstmals auch ein Team von Sonauto, bestehend aus zwei XT 500, pilotiert von Gilles Comte und Denis Braillard, sowie zwei DT 400 mit Réné Guili und Top-Trialist Christian Rayer am Lenker. Die von den Gebrüdern Maingret vorbereiteten Maschinen werden in nur wenigen Punkten modifiziert, auffälligste Änderungen sind kapitale Kraftstoffbehälter (25 Liter für die XT 500, 37 Liter für die durstigeren Zweitaktschwestern) und aufgepolsterte Sitzkissen. Auch Honda engagiert sich mit einem Fahrer-Quartett, das mit aufgebohrten XL 350 das Rennen aufnimmt. Vom Start weg entwickelt sich ein japanischer Zweikampf, der lange Zeit Denis Braillard und seine XT 500 in Führung sieht. Erst ein Unfall auf der vierten Etappe von Agadez nach Arbre du Ténéré zerstört alle seine Chancen. Sein Blindflug durch die Staubwolke eines vorausfahrenden Geländewagens führt zum Sturz, Braillards Schulter bricht, aus und vorbei. Auf dem folgenden Teilstück nach Dirkou trifft es einen weiteren Anwärter auf den Sieg in der Motorradwertung. Erst geht dem Honda-Piloten Gilles Desheulles der Sprit aus, dann schlägt's ihn nieder. C'est la vie.

Der Weg ist nun frei für den Provençalen Gilles Comte, der sich beständig nach vorne gearbeitet hat. Auf der letzten Sonderprüfung von Dirkou nach Madama startet der Mann aus Aix sogar eine Attacke auf den in der Gesamtwertung führenden Renault 12 mit Vierradantrieb. Es reicht schließlich nicht ganz, um knapp eine halbe Stunde muß sich der XT-Pilot geschlagen geben. Der Sieg in der Zweirad-Liga aber ist ihm ebensowenig zu nehmen wie Platz zwei im Gesamtklassement. Den Yamaha-Erfolg komplett macht Christian Rayer, der seine DT 400 trotz zwischenzeitlichen Leistungs-Lochs noch auf Rang sieben lenkt und damit zweitschnellster Zweiradmann ist.

Insgesamt zehn XT-Fahrer erreichen Nizza, für die Ausfälle sind nicht etwa mechanische Macken, sondern überwiegend Stürze verantwortlich. Zwei Motorschäden – mehr gibt's nicht zu beklagen. Damit hat Yamahas Viertakt-Enduro-Erstling seine robuste Natur und grandiose Zuverlässigkeit selbst unter Extrembedingungen erstmals unter Beweis gestellt. Der Grundstein für den XT-Mythos ist gelegt.

Premiere 1979: Rallye Paris – Dakar

Kaum ein Jahr später startet das nächste Afrika-Abenteuer, diesmal aber in umgekehrter Richtung und mit neuem Ziel: Von Paris aus geht's nach Dakar. Am 23. Dezember 1978 versammeln sich auf dem Place du Trocadéro knapp 200 Konkurrenten zur technischen Abnahme, unter ihnen 94 Motorradfahrer. Die Qualitäten der XT 500 haben sich zu diesem Zeitpunkt offensichtlich herumgesprochen, gleich 34 Teilnehmer schenken dem starken Single das Vertrauen. Unter ihnen ist auch Marie Ertraud, eine von sieben Frauen, die sich weder von der Marathon-Distanz noch der Männer-Domäne »Rallye« schrecken lassen. Platz zwei der Motorrad-Hitliste belegt die Honda XL 250 S. Sie rollt in 29facher Ausführung gen Afrika. Der Rest der Rallye-Truppe versucht auf Suzuki SP 370, Honda XL 125 S, Suzuki TS 125 oder 500er Guzzis sein Glück. Sogar eine 250er MZ und zwei BMW, eine davon pilotiert von Fenouil, tauchen auf dem Trocadéro auf.

Selbstverständlich mischt auch Sonauto mit. Vier XT 500 gehen auf das Konto des Importeurs, gesteuert werden sie von Gilles Comte, Christian Rayer, Rudy Potisek und dem Chef Jean-Claude Olivier höchstpersönlich. Wiederum haben Bernard und Christian Maingret Hand angelegt und die Alltagsmulis mit Hilfe weniger Modifikationen in Wüstenrenner verwandelt. Wie schon ihre Vorgänger bei Abidjan-Nice, so ziert auch die Dakar-Dro-

32 Liter schluckt das kantige Benzin-Faß der ersten Paris-Dakar-XT von Sonauto.

medare ein vor schneller Austrocknung schützender Höcker in Gestalt eines eckigen 33-Liter-Tanks, der für erhebliche Frontlastigkeit und ein gewöhnungsbedürftiges Fahrverhalten sorgt. Der Rahmen, er stammt von der TT, bleibt unangetastet, die Stahlrohrschwinge ebenfalls, weichen müssen dagegen die Federelemente. Die Serienmuster erwiesen sich bereits bei früheren Einsätzen als ungeeignet für Rennbelastungen. So finden an der '79er Sonauto-XT die leichtere und solidere Gabel des Cross-Modells YZ 400 sowie Koni-Dämpfer (an der im Bild gezeigten Maschine von Christian Rayer sind Kayaba-Federbeine montiert) Verwendung. Diese Maßnahmen liften die Sonauto-XT gewaltig, immerhin 960 Millimeter vom Boden ist der Fahrer-Po nach der Fahrwerks-Kur gebettet. Das übrigens äußerst komfortabel, denn die Sitzbank selbst erhält ein üppiges Polster samt Lederüberzug, die Original-Lenkstange wird dazu durch eine stabilere CrMo-Ausführung von KTM ersetzt. Die Armaturen liefert Magura und die Reifen Trelleborg, da widerstandsfähiger gegenüber Defekten und selbst bei Pannen noch fahrbar. Die Räder, der hintere Reifen hat TT-Maße (4.50-18), sind auf dieselbe Weise fixiert wie bei Langstrecken-Straßenrennern und erlauben so schnelle und einfache Wechsel. Der Motor entspricht bis auf den Papier-Luftfilter und eine auf 1:7 zurückgenommene Verdichtung der Serie, um die Ausdauer des etwas mehr als 30 PS leistenden Aggregates nicht zu beeinträchtigen. Bon.

Derart gerüstet machen sich am 26. 12. 1978 die vier Sonauto-Piloten und mit ihnen der Rest der Rallye-Karawane auf den weiten Weg quer durch die Sahara nach Senegal. Die ersten 2.000 km werden auf Asphalt abgespult, dann tritt der von Thierry Sabine, dem Initiator des jährlichen Moto Cross-Rennspektakels am Strand von Le Touquet, ins Leben gerufene Wettbewerb in seine heiße Phase ein. Die Wellblechpisten-Abschnitte zwischen Reggane und In-Salah jedenfalls fordern ihre ersten Opfer: Die beiden Frauen Marido und Martine Rénier müssen nach Stürzen aufgeben. Bei Sonauto dagegen herrscht eitel Sonnenschein, hinter zwei Range Rover rangiert das Yamaha-Team auf den Plätzen drei (Rayer), fünf (Potisek) und sieben (Olivier), dazwischen schiebt sich mit Patrick Schaal (Vierter) ein weiterer XT-Fahrer, gesponsort vom Offroad-Blatt MOTO VERTE. Allein Gilles Comte werfen Reifenpannen eineinhalb Stunden zurück. Neben solch typischen Defekten machen den Sahara-Eroberern vor allem »fesch-fesch«, feinster Sand, der sich zu wahren Wolken verdichtet, unsichtbare Querrillen, ein unpräzises Roadbook, höllische Geschwindigkeiten und nicht zuletzt die Gluthitze schwer zu schaffen.

Verständlich, daß zu einem so frühen Zeitpunkt nichts entschieden ist – einen Marathon gewinnt man nicht auf den ersten Metern. Diese Erkenntnis bleibt auch dem Führungstrio nicht erspart. Zusam-

Auf dem Hochsitz dieser XT 500 nahm 1979 Christian Rayer Platz – und wurde Fünfter bei der Erstausgabe von Paris–Dakar.

men mit den beiden Range Rover-Besatzungen wird Rayer in der dritten Sonderprüfung zwischen dem algerischen Grenzposten In-Guezzam und Arlit in Niger Opfer einer Irrfahrt, die eine Zeitstrafe von sieben Stunden einbringt und das Klassement kräftig durcheinanderwirbelt. Plötzlich führt Patrick Schaal, gefolgt von Cyril Neveu, Fenouil (BMW 600) und dem späteren BMW-Werksfahrer Hubert Auriol, der anno '79 noch auf einer XT sitzt. Die Pechsträhne von Jean-Claude Oliviers Mannen setzt sich in der vierten, unerhört schweren Sonderprüfung von Arlit nach Agadez fort, unabhängig davon, daß der Boss die absolute Bestzeit vorlegt: Rudy Potisek bricht sich bei einem Sturz ein Bein, aus der Traum. Das übernächste Teilstück erzwingt auch Monsieur Oliviers vorzeitige Verabschiedung. Ein Überholversuch endet mit einem heftigen Sturz, der seine rechte Schulter schwer in Mitleidenschaft zieht. Wie die Ärzte später feststellen werden, ist sie gebrochen. Nichtsdestotrotz fährt Olivier die Etappe zu Ende. Mit tatkräftiger Unterstützung von Honda-Konkurrent Gilles Desheulles wandert der Gasgriff auf die linke Seite, und mit ebenso großen Schmerzen wie Durchhaltewillen steuert der Mann mit Format seine XT bis Niamey. Dort kann er immerhin mit Genugtuung zur Kenntnis nehmen, daß mit Schaal und Neveu zwei Yamaha-Piloten in Front liegen. Doch selbst jetzt sind die Würfel noch nicht gefallen, schließlich steht den von den Strapazen der Strecke gekennzeichneten Teilnehmern die mit 600 km längste Sonderprüfung von Gao nach Mopti noch bevor. In Mali liegt das Herz der Sahara zwar hinter dem Rallye-Kordon, die selbstgewählte Schinderei von Menschen und Maschinen indessen geht weiter. Bald fordern die durchlöcherten und welligen Savannenpisten des Sahelgürtels ihren Tribut: Patrick Schaal reiht sich in die lange Liste derer ein, die nach einem Sturz chirurgischer Behandlung bedürfen. Ein gebrochener Finger ist in seinem Fall wohl eher zu verschmerzen als der Verlust eines in erreichbare Nähe gerückten Sieges. So wechselt die Spitze ein letztes Mal, nicht aber der Motorradtyp. Cyril Neveu scheucht seine XT 500 als erster ins Ziel am Strand der senegalesischen Hauptstadt Dakar. Die Maschine des 22jährigen, der so gar nicht dem Bild eines knochenharten Abenteurers entspricht, ähnelt stark den Sonauto-Pendants. Auch hier thront der Fahrer auf einem Sofa von Sitzbank samt Schafflederbezug und sieht einen monströsen 31-Liter-Tank vor sich auftürmen. Konis und eine Gabel aus einer IT 400 werten das Fahrwerk auf, der Motor dagegen ist bis auf die reduzierte Verdichtung unbehelligt geblieben. Dafür dokumentieren kleine Korrekturen Feinarbeit im

Das Getränke-Unternehmen Oasis sponserte die erste Rallye Paris–Dakar.

Detail: ein Pkw-Benzinfilter hier, ein kräftigerer Kettensatz (von der SR) dort, ein neues Schutzblech vorn, die Auspuffanlage erleichtert und die Batterie verbannt, dazu nützliche Kleinigkeiten wie die Sicherung der kompletten Verschraubung mit Loctite und Draht sowie modifizierte Achsen, die eine schnelle Demontage gewährleisten. C'est ça – das ist die Dakar-Siegermaschine des Jahres '79.

Auf Platz zwei läuft Gilles Comte ein, nachdem Auriol auf der letzten Etappe noch ein Motorschaden weit zurückwirft. Nur 39 Minuten trennen ihn vom Gesamtdritten Philippe Vassard (Honda XL 250 S). Die Damen-Wertung holt sich mit Martine de Constanze ebenfalls eine Honda-Fahrerin, gefolgt von Marie Ertraud und ihrer XT. Immerhin 12 Honda-Enduros drängen sich unter die ersten 18 Motorräder, doch das wird nur am Rande registriert. Der Gesamtsieg geht an eine XT 500, das zählt. Der Rest ist Statistik – und die ist nur allzubald vergessen. Wie etwa die Tatsache, daß nur 12 XT 500 das Ziel erreichen. Mangelhaft abgedichtete Luftfiltergehäuse sorgen nämlich dafür, daß viele XT-Motoren erst kräftig knirschen, bevor ihnen die Sandmännchen dann das Licht ganz ausblasen.

Neveus zweiter Streich: Paris – Dakar 1980

Ein Jahr später kreuzen Yamaha und Honda erneut die Klingen – diesmal aber unter veränderten Leistungsvorzeichen. Bei der zweiten Auflage von Paris – Dakar nämlich stehen den kaum veränderten Sonauto-XTs von Comte, Rayer und Michel Mérel die neuen Halbliter-Hondas gegenüber. Auch Auftaktsieger Cyril Neveu ist mit seiner XT wieder mit von der Partie. Dritter im Bunde der Favoriten ist eine BMW-Truppe, die zwei GS 80 einsetzt – handgearbeitete Wettbewerbsmodelle, die in Details bereits der wenige Monate später vorgestellten Enduro R 80 G/S vorgreifen. Die von Herbert Schek hergerichteten Boxer – mit Maico-Gabel, herkömmlicher Schwinge, aber schon seitlich angeordnetem Bilstein-Monostoßdämpfer – legen mit 50 PS eine kesse Sohle aufs Power-Parkett: Mit maximal 160 km/h können es Hubert Auriol und sein Teamkollege Fenouil auf entsprechenden Streckenabschnitten fliegen lassen, eine schwere Hypothek für die langsameren Eintöpfe. Die bringen im Gegenzug ihre zahlenmäßige Überlegenheit ins Spiel, 44 XT 500 und 16 Honda-Singles starten im Schneetreiben des Neujahrstages 1980 zu einem 8.000-km-Marathon durch Nord- und Westfafrika. Die Streckenführung des unter neuer Sponsorflagge – die Zeitschrift Paris Match hat das Getränkeunternehmen Oasis ersetzt – aufwartenden Abenteuers mit magischer Anziehungskraft für die Medien hat an Schwierigkeit nochmals zugelegt: Statt über Tam und die Hoggar-Route müssen sich

Kinder aus Mali bastelten unter Leitung eines holländischen Entwicklungshelfers dieses Modell einer XT 500.

die Teilnehmer von Reggane aus durch die Tanezrouft baggern, die Wüste der Wüsten.

Die Tanezrouft: Hunderte von Kilometern bis zum Horizont nur Sand und Steine, sonst nichts. Keine Erhebungen, kaum Fixpunkte, an denen sich das Auge festhalten kann. Im Gegenteil: Im gleißenden Licht reflektierender Sonnenstrahlen verschwimmt die Umgebung zu einem uniformen Meer und, schlimmer noch, mit ihr alle Unebenheiten. Scheinbar aus dem Nichts auftauchende Querrillen können Mensch und Motorrad urplötzlich Purzelbäume schlagen lassen. Ganz zu schweigen von den Orientierungsproblemen in dieser unwirtlichen Wildnis. Mit denen hat Neveu schon vor Reggane zu kämpfen, als er eine halbe Stunde nach dem richtigen Weg sucht. Pech aber hat auch der Neveu hart bedrängende Auriol, ein abgerissenes Ventil wirft ihn einen Tag später einige Plätze zurück. Die folgende Aufholjagd durch Mali und Niger beendet unweit des Etappenzieles Ouagadougou ein geplatztes Getriebe. Zur Tragödie wird das Malheur – bis auf Rahmen und Schwinge darf bei der Paris – Dakar alles ausgetauscht werden – erst, als Auriol sich und sein Motorrad von einem Lkw mitnehmen läßt, statt auf die BMW Service-Crew zu warten. Einzig mögliche Reaktion des Veranstalters ist daraufhin die Disqualifikation. Damit ist der Weg frei für den zweiten Gesamtsieg von Cyril Neveu, der in einem furiosen Schlußspurt dem nächstplazierten Michel Mérel 40 Minuten abknöpfen kann. Für ein grandioses Gesamtbild der XT-Meute sorgen zudem die Privatiers Jean-Noël Pineau, Jean-Pierre Lloret, Ludovic Loué und Guy Albaret auf den Plätzen drei, vier, acht und neun der Motorrad-Wertung. Dank Silikon-versiegelten Luftfiltergehäusen, täglichem Filtertausch und sogar Motorwechsel vor der fürchterlichsten »fesh-fesh«-Etappe entgehen die Werksmaschinen diesmal übrigens den K.o.-Körnern.

Die XT 500 erlebt so 1980 den absoluten Höhepunkt ihrer ruhmreichen Rallye-Karriere: Neveu holt sich die prestigeträchtige Paris – Dakar, weitere Siege steuert Jacques Verley (Rallye 5 x 5 und Tunesien) auf dem '79er Ex-Rayer-Exemplar bei. Der Einstand der beiden BMW aber hat gezeigt, daß die Trauben für die Yamaha-Truppe in Zukunft höher hängen werden. Unbedachtsamkeit und technische Mängel (Fenouil beispielsweise verliert drei Stunden bei der Reparatur seiner Schwinge, die sich aufgrund der einseitigen Abstützung erst verzieht und später bricht) verhindern 1980 noch eine bessere Plazierung als Fenouils fünften Rang.

Bacou contra Boxer: Paris – Dakar 1981

Wieder werden die Karten neu gemischt, wieder erwartet ein schwerer Kurs die nun auf 250 Fahrzeuge angeschwollene Karawane, wieder ist die Konkurrenz groß. BMW beispielsweise stellt drei Werksmaschinen auf R 80 G/S-Basis bereit, die von Hubert Auriol, Fenouil und Bernard Neimer gefahren werden. Begleitet wird das deutsch-französische Trio von zwei Mercedes 280 GE-Geländewagen und einem Puch Pinzgauer. Lumpen läßt sich auch Sonauto nicht: Jean-Claude Olivier schickt gleich drei Service-Mercedes und dazu einen ebenfalls vierradgetriebenen LKW des Typs Renault SM 8 auf die lange Reise an die westafrikanische Küste. Er selbst klemmt sich hinter den Steuerknüppel einer mit Ersatzteilen vollgepfropften King Air und folgt seiner Mannschaft über den (Staub-)Wolken. Der Aufwand der Werksteams ist gigantisch und spiegelt die enorme Werbewirkung der Rallye wieder, die in den Medien allerdings auch allerlei Negativ-Schlagzeilen produziert: Angesichts einer überfallartigen Invasion der ärmsten Länder der Welt und zahlreicher Todesfälle, denen 1986 auch Thierry Sabine bei einem Hubschrauberabsturz im Sandsturm zum Opfer fällt, sprechen Kritiker von einer »Karawane der Eitelkeit« (FAZ) oder vom »Narrenschiff des Sports« (L'Equipe). Dessen ungeachtet sind die Paris – Dakar-Lorbeeren den Sponsoren selbst siebenstellige Summen wert. Einzelkämpfern ohne erstklassigen Service müssen sich angesichts dieser Materialschlacht mit hinteren Plätzen begnügen. Während die Profis sich am Ziel einer Etappe entspannen können, weil Mechaniker sich um ihre Maschinen kümmern, müssen die Einzeltäter selbst den Schraubenschlüssel schwingen – und den Transport ihrer lebenswichtigen Utensilien organisieren, falls ihnen kein Begleitfahrzeug folgt. Erreicht das »Taxi« allerdings, aus welchem Grund auch immer, nicht das Etappenziel, ist die Rallye für den betroffenen Motorradfahrer praktisch beendet. Doch Risiken und riesige Anforderungen an Physis und Psyche schrecken sie nicht ab – es zählt die Atmosphäre, das Ankommen, die Befriedigung, hinterher sagen zu können: »Ich war dabei.«

Mit dem Olympischen Gedanken mag sich bei Sonauto keiner zufrieden geben. Schließlich gilt es, einen Hattrick zu landen und den dritten Paris – Dakar-Titel in Folge für Yamaha und die XT 500 zu erobern. Die Vorbereitung des Single-Fuhrparks übernehmen wie schon gewohnt die Maingrets. Die Sonauto-Haustuner verpassen dem unverwüstlichem Eintopf erst einmal eine Leistungsspritze, um gegenüber den 55 PS starken BMWs nicht zu sehr ins Hintertreffen zu geraten. Den Zylinder bohren sie deshalb auf 90 mm auf (Serie: 87 mm), wodurch der Hubraum auf 534 ccm wächst. Zylinderkopf und Nockenwelle zaubert ein Griff ins TT-Ersatzteilregal zutage, den dicken Kolben liefert Wiseco. Reichlich Frischgas-Futter für den fülligeren Brennraum liefert ein 38er Mikuni-Vergaser. Im Zusammenspiel mit einer offenen Auspuffanlage mobilisiert das '81er Aggregat etwa 35 PS, genug für 150

Mit einer YZ-Gabel, De Carbon-Stoßdämpfern und einer verlängerten Vierkant-Schwinge veredelte Sonauto 1981 die Paris-Dakar-XTs.

km/h Höchstgeschwindigkeit der trocken 148 Kilo wiegenden XT 530. Zuverlässigen Antrieb auch unter erschwerten Bedingungen soll eine spezielle Kette von Tsubaki sicherstellen. Größerem Durst paßt sich das auf 42 Liter angewachsene Spritfaß an, schließlich laufen je nach Terrain bis zu neun Liter pro 100 Kilometer durch den Vergaser der aufgebohrten Version.

Schneller wird auch das Fahrwerk. Die Gabel stiftet die '81er YZ 490, womit nun 300 mm Federweg zur Verfügung stehen, die Gasdruck-Stoßdämpfer mit separatem Ausgleichsbehälter und 220 mm Federweg tragen die Aufschrift De Carbon. Die verwindungsanfällige Stahlrohrschwinge macht einer steiferen und für ruhigeren Geradeauslauf um fünf Zentimeter verlängerten Vierkant-Version Platz. Sechslagige Dunlop-Reifen vom Typ »Baja«, aufgezogen auf Akront-Felgen, beschließen das Modifikations-Menü.

Ein verändertes Gesicht zeigt auch das Team. Der

Tripmaster und Satelliten-Ortungsgerät gehörten 1981 noch ins Reich der Träume.

zweifache Triumphator Cyril Neveu hat die Fahnen gewechselt hat und gibt zukünftig für Honda Gas. Vom Vorjahrestrio ist nur noch Michel Mérel dabei, neu hinzu kommen Serge Bacou, Jean-Noël Pineau, Jean-Pierre Lloret und Yvan Tcherniawsky. Empfehlungen bringen alle vier frischgebackenen Werksfahrer mit: Bacou beispielsweise hat im Frühjahr vor 100.000 Zuschauern und gegen 1.000 Konkurrenten das Dünen-Cross von Le Touquet für sich entscheiden können. Ebenfalls zur nationalen Cross-Elite zählt Tcherniawsky, der bei der letztjährige Ausgabe von Paris – Dakar einen Vespa-Roller an den Start schob. Ihren Vorjahres-Erfolgen verdanken Pineau und Lloret den Aufstieg ins Werks-Team. Schlagzeilen machte damals vor allem Jean-Pierre Lloret, als er sich trotz gebrochenen Handgelenks und einer schweren Infektion im Bein bis Dakar durchboxte. Solch Kampfgeist beeindruckte Jean-Claude Olivier derart, daß dieser fürs nächste Jahr einen Werksrenner versprach.

Als am 1. Januar 1981 die Rallye-Karawane Paris verläßt, liegen 10.000 Kilometer vor der über 650 Personen zählenden Meute. Gesät ist die Strecke mit unzähligen Stolpersteinen, die ab der fünften Etappe von Djelfa nach 4 Chemins die Afrika-Abenteurer in Atem halten. Dort nämlich verschaffen die ersten Pisten-Ausflüge einen Eindruck vom kommenden Rallye-Alltag in Form von Sand, Staub und Steinen. Von den »Vier Wegen« weist einer Richtung Meer und drei in die Dürre – einer davon führt die Teilnehmer nach Tit. Siebenhundert Kilometer lang ist diese Etappe, gespickt mit langen Wellblech- oder Sandpassagen. Doch das ist erst der Anfang, in sich haben es auch andere Teilstrecken. Mühsam gestaltet sich beispielsweise die Durchquerung von Mali, riesige Sanddünen zwischen Timbuktu, dem sagenumwobenen Handelszentrum Westafrikas im 18. und 19. Jahrhundert, und Niono fordern Moral und Motoren bis an die Grenzen ihrer Leistungsfähigkeit. Zermürbend ist auch die Sonderprüfung der viertletzten Etappe zwischen Nioro und Kayes, das schroff-steinige Terrain gleicht weniger einer Piste als vielmehr einem trockengelegten Gebirgsbach. Die wenigen Beispiele vermitteln aber nur einen kleinen Einblick von den brutalen Anstrengungen, die sich den Rallye-Piloten auf ihrem kräftezehrenden Weg entgegenstellen.

Der Auftakt der '81er Paris – Dakar-Auflage läuft ganz im Sinne der Sonauto-Mannen. Mérel holt sich die erste Sonderprüfung in Olivet, sein Teamkollege Pineau die Nummer zwei in Nîmes. Algier jedenfalls sieht die Yamaha-Truppe in Führung – Bacou liegt vorn, gefolgt von Rigoni (Honda), Tcherniawsky, Pineau und Lloret. Doch die Lage soll sich in Windeseile ändern. Nur drei Etappen später muß Teamchef Olivier die ersten Negativ-Nachrichten entgegennehmen. Zwei der drei Service-Mercedes sind ausgefallen, ebenso Jean-Noël Pineau, der sich bei einem Sturz die Schulter gebrochen hat. Und Lloret fährt seinem Vorjahresglück hinterher, vor Start des siebten Zwischenstücks von Tit nach Timeiaouine quer durch die Tanezrouft ist er bereits auf Platz 22 zurückgefallen. Die siebzehnte Etappe von Bobo in Obervolta nach Bouna (Elfenbeinküste) ist Llorets letzte, der XT-Fahrer gibt an 34. Stelle liegend auf. Einem Reporter von MOTO VERTE erzählt er, was diese Entscheidung letztlich ausgelöst hat: »Die Etappe Bobo-Bouna war fürchterlich. Wahnsinniger Staub und tiefe Spurrillen machten die Piste gefährlich. Ich bin das erste Mal gestürzt, ohne irgendetwas zu sehen, danach aber weitergefahren. Ich fuhr 110–120 und war im Begriff, den Anschluß an – ich weiß nicht genau – ein Auto oder einige Motorräder zu finden. Jedenfalls bin ich eingetaucht in eine riesige Staubfontäne und habe dabei eine scharfe Linkskurve übersehen. Bei dem Versuch, sie trotzdem noch zu kriegen, habe ich das Motorrad hingelegt, und das war's dann. Völlig benommen bin ich einen Moment lang in der Staubwolke sitzengeblieben. Ich war aber genug bei Verstand, um mir begreiflich machen zu können, daß ein Konkurrent mich, ohne mich überhaupt zu bemerken, überrollt hätte, wenn er in diesem Moment aufgetaucht wäre. Ich habe mich aufgerappelt, mich rundrum sehr elend gefühlt und mit einem Schlag gewußt, daß es der Mühe nicht mehr wert ist.«

Zurück nach Tit. Vor Start der siebten Etappe sind Mérel (2. hinter BMW-Pilot Auriol), Tcherniawsky (3.) und Bacou (6.) noch aussichtsreich plaziert. Doch in der gleichförmigen Weite der Tanezrouft verliert Michel Mérel zweieinhalb Stunden bei der Suche nach dem dort auf die dürstenden Motoren wartenden Tanklastwagen. Die Wut über das Mißgeschick und eine gebrochene Schwinge zwischen 4 Chemins und In Ecker treiben Mérel zu einer Aufholjagd ohnegleichen, die Spitze aber behauptet in Gao mit über zwei Stunden Vorsprung weiter Hubert Auriol. Vom Glück verfolgt sind die Sonauto-Piloten auch nicht auf der nächsten Etappe nach Timbuktu. Der drittplazierte Tcherniawsky muß nach drei Motorschäden aufgeben, mit einem Motor-K.o. ist Lloret noch gut bedient. Mérel zu guter Letzt bricht ein weiteres Mal die Schwinge, dank einer Notreparatur mit Hilfe von Draht und Gurten rettet er sich ins Etappenziel. Allein Bacou sorgt für ein Erfolgserlebnis, indem er sich vier Plätze nach vorn und damit hinter Auriol aber noch vor Mérel auf den zweiten Rang schiebt.

An dieser Reihenfolge ändert sich bis ins Ziel nichts mehr. Den BMW-Triumph komplett macht Fenouil auf Platz vier des Gesamtklassements. Der Boxer bezwingt den Single, ein »Sieg des Drehmoments«, so die Sicht der MOTO VERTE-Redaktion. Mérel sieht das anders, er schiebt die Yamaha-Niederlage vielmehr auf das Problem mit der labilen Hinterradschwinge. Nichtsdestotrotz lautet der Wunsch für die Paris – Dakar 1982 »mehr Höchstleistung und Drehmoment.« Was die Manövrierbarkeit bei geringen Geschwindigkeiten angeht, ist die XT 500 der

Einen Ölkühler und mehr Hubraum bekam Serge Bacous 82er XT verpaßt.

Adieu, Sonauto-XT 500. Bacous 570er ist die letzte Werksmaschine auf Basis der alten XT.

Der Chef fährt selbst: Jean-Claude Olivier ist die treibende Kraft hinter dem Rallye-Engagement von Sonauto/YMF.

BMW GS 80 überlegen, auf Abschnitten, wo man's richtig rauchen lassen kann oder schiere Kraft gefragt ist, fehlt's dafür.

Ciao, Sonauto-XT 500: Paris – Dakar 1982

Auch 1982 vertraut über ein Drittel der 130 Motorradfahrer dem bewährten Yamaha-Eintopf. Doch der kommt nicht nur angesichts der Leistungsexplosion an der Spitze des Feldes langsam an seine Grenzen. BMW etwa hat seinen siegreichen Boxern den Motor der R 100 RS spendiert und Honda wirft in Japan penibel aufbereitete und für den Einsatz entsprechend modifizierte XR-Modelle mit 550 ccm, Vierventilkopf und Pro-link-Hinterradfederung ins Rennen.

Zweigleisig dagegen fährt man bei Sonauto und schickt eine XT 500 und zwei XT 550 an den Start. Auf dem Pariser Salon feiert die als Nachfolgerin der inzwischen fünf Jahre alten Ur-XT gehandelte XT 550 (vier Ventilen, Registervergaser und Cantilever-Fahrwerk) ihre Premiere und wird von Sonauto gleich für die Rallye Paris – Dakar engagiert. Für diesen härtesten aller Konditionstests müssen zwei Modelle der Vorserie herhalten, die in nur drei Wochen auf ihre Feuertaufe vorbereitet werden. Erst am 10. Dezember 1981 nämlich treffen die Youngsters in Paris ein. Die notwendigen Änderungen für die rauhe Reifeprüfung beschränken sich vorzugsweise auf das Fahrgestell, das eine Cantilever-Schwinge aus Aluminium samt speziellem Federbein mit 270 mm Federweg und eine Cross-Gabel mit 300 mm Federweg erhält.
Eine geänderte Tank/Sitzbank-Kombination, eine Scheibenbremse von der XJ 650 fürs Vorderrad, verstärkte Räder samt Akront-Felgen und Goodyear-Desert-Pneus sowie eine ungehemmt hustende

Auspuffanlage runden den Schnellkurs in Sachen Rallyetauglichkeit ab. Der Motor bleibt wie er ist – bis auf die reduzierte Verdichtung (1:6 statt 1:8,5), einen Ölkühler sowie einen Papierluftfilter.

Deftige Eingriffe in ihr Innenleben dagegen hat der einzig verbliebene Werks-Klassiker auf Basis der XT 500 zu verdauen. Ein Tuning-Kit von J.P.X. inklusive dickem Zylinder und fettem Kolben treibt den Hubraum auf 570 ccm hoch und sorgt für eine kräftige Vitaminspritze. Die Qualitäten eines derart aufgeputschten XT-Aggregats demonstriert schon vor dem Start von Paris – Dakar '82 Luc Duriez, als er mit einem ähnlichen, allerdings in den Rahmen einer IT 400 verpflanzten Motor die Rallye Paris – Tunesien 1981 gewinnt. Damit es dem Sonauto-Ballermann nicht zu heiß wird, hält ein auf der linken Seite des Kurbelgehäuses montierter Ölkühler den Temperaturhaushalt in einem erträglichen Rahmen. Die Schwinge als wohl größten Schwachpunkt der vorangegangenen Version ersetzt ein Barigo-Exemplar, das sich über luftgefederte Fournalès-Stoßdämpfer abstützt. Eine Scheibenbremse vorn und eine Doppelnocken-Trommel hinten gehören ebenfalls zu den von Serge Bacou in Auftrag gegebenen

Aus dem Leben gegriffen: Sonauto-Lager während der 81er Ausgabe von Paris–Dakar.

Neues Motorrad, bekannter Effekt: Das Paris-Dakar-Prestige förderte auch die Verkäufe der XT 600 Ténéré.

Änderungen. Ihm zuliebe läßt Jean-Claude Olivier die XT 570 präparieren, da Bacou die bewährte XT den Newcomern aus gleichem Hause vorzieht. Maximale Verläßlichkeit heißt seine Hauptforderung an Rallye-Technik, und die scheint ihm der als zuverlässig bekannte Zweiventiler eher zu gewährleisten als ein völlig neues und unbekanntes Motorrad. Mehr Vertrauen in die Neuentwicklung hegen Michel Mérel und der belgische Cross-Star Jean-Paul Mingels, denen Olivier die beiden XT 550 anvertraut.

Der Sonauto-interne Wettkampf Klassik contra Moderne ist jedoch schon zu Ende, bevor er richtig in Schwung kommen kann. Die Rolle des tragischen Helden übernimmt zwangsweise Serge Bacou, als er sich in der Tanezrouft verirrt und erst nach drei Tagen erschöpft, aber ansonsten wohlauf gefunden wird. Ein im vierten Gang blockierendes Getriebe hatte den Pechvogel bereits auf der Etappe von Quatre Chemins nach Tit vom dritten auf den neunten Platz zurückgeworfen. Nach dem Ausfall Bacous und seines Zweiventilers ruhen die Sonauto-Chancen allein auf den beiden XT 550 und ihren Fahrern. Von denen scheint Mingels den großen Coup landen zu können. Mit seinem schnellen, gleichzeitig aber auch beherrschten und materialschonenden Fahrstil fasziniert er die Fachwelt und düpiert die Konkurrenz. Das Etappenziel in Timeaouine an der Grenze zwischen Algerien und Mali erreicht der Paris – Dakar-Neuling hinter drei Hondas und Mérel als fünfter, in Gao – dort bläst die BMW-Crew wegen permanenter Getriebeschäden zum Rückzug – ist er schon vierter, in Mopti dritter, in Timbuktu zweiter und in Nioro übernimmt Mingels mit der alle Hoffnungen übertreffenden XT 550 schließlich die Spitze. Eineinhalb Stunden Vorsprung auf Cyril Neveu sagen die Uhren – der Sieg scheint nahe.

Doch dann schlägt das Schicksal erbarmungslos zu. Auf der folgenden Sonderprüfung, es ist die drittletzte, stürzt Mingels und trägt schwerste Verletzungen davon: Zu einem Schädel-Trauma kommen Brüche von Handgelenk, Knie und Schulter. Damit landet Jean-Pierre Mingels im Krankenhaus und Cyril Neveu seinen dritten und Honda den ersten Sieg bei Paris – Dakar. Die XT-Fahne hoch hält Guy Albaret vom Team Challenge 94, indem er seine überlegt aufgebaute XT 500 (Ölkühler, verbesserte Schmierung der Nockenwelle, Simons-Gabel und Öhlins-Federbeine) noch vor Mérel und dessen XT 550 auf Platz vier fährt.

Damit aber läuft die Uhr der guten, alten XT bei der Rallye Paris – Dakar endgültig ab. Im nächsten Jahr nämlich erscheint die XT 600 Ténéré auf der Bildfläche, und die setzt in allen Bereichen neue Standards. Vergleicht man die '86er Werksmaschine mit der allerersten Sonauto-XT, werden Riesen-Unterschiede deutlich. Schon ein Blick in die Cockpits spricht für sich. Einen einsamen Tacho zeigt die Steinzeit-XT, während der Sonauto-Sproß der achten Generation das moderne Informations-Zeitalter verkörpert: Neben Tacho, Drehzahlmesser und Tripmaster, jeweils im Digital-Design, drängen sich ein Kompaß und ein aufrollbares Roadbook zwischen Lenker und der im Windkanal gestylten Verschalung. Über 50 PS, Federwege von jeweils 300 mm oder ein zweiteiliger, den Schwerpunkt niedrig haltender 58-Liter-Tank dokumentieren ebenfalls den enormen Entwicklungssprung. Im Vergleich dazu ist die XT 500 kaum mehr als eine Art Alteisen-Ensemble. Das aber hat sich ordentlich mit Ruhm bekleckert, zwei Paris – Dakar-Siege sichern dem Urahn einen Platz in der ersten Reihe – vor den modernen 600er Monos. Die nämlich können als bestes Ergebnis nur einen zweiten Platz vorweisen, den der Sonauto-Boß höchstpersönlich 1985 verbucht.

TT und HL 500: die Sport-Versionen

Lorbeeren verdient sich die XT 500 nicht nur auf Rallye-Pisten, auch auf Cross-Kursen und bei Enduro-Veranstaltungen mischt der Yamaha-Single kräftig mit. Basis solcher Einsätze ist anfangs die für die USA bestimmte TT-Variante. Das »Naked Bike« ist im Grunde nichts anderes als eine gestrippte XT, die Beleuchtung, Blinker, Cockpit und Kennzeichenhalter hat fallen lassen. Ansonsten unterscheidet sich die von 1976 bis 1981 gebaute TT nur in Details von ihrem Schwestermodell. So poltert in dem mit etwas mehr Nachlauf bedachten TT-Fahrgestell ein ungedrosseltes XT-Aggregat, dessen Sekundärübersetzung (50:15) auf mehr Dampf in unteren Drehzahlregionen abgestimmt ist. Der Ausrichtung auf Geländespiele entsprechen auch unterschiedlich dimensionierte Felgen (1.60-21 und 2.15-18) und Reifen, wobei der breitere Dunlop-Pneu hinten (4.60-18 statt 4.00) mehr Auflage bietet und damit in Sand und Schlamm besser spurt. Längere Gabelfedern und andere Kunststoffkotflügel ergänzen die Aufzählung der Eigenheiten.

Auch ohne StVZO-Zugaben erweist sich die 3.900 Mark (mit KFZ-Brief 5.500 Mark) teure TT 500 mit mehr als 130 Kilo Kampfgewicht als ein gewaltiger Brocken. »TÜV-fertig war die TT fast genauso

Ungedrosselte Freuden: Mit voller Leistung geht das TT-Triebwerk an den Start.

schwer wie die XT. Die Blinker wurden durch Ochsenaugen ersetzt, die Lampe war ein bißchen kleiner, ebenso der Tacho, doch das machte nicht viel aus. Die Ersparnis blieb im Gramm-Bereich« so der ehemalige Yamaha-Händler Helmut Stöcker, der ungekrönte King in Sachen TT-Verkauf. Von Wettbewerbstauglichkeit kann angesichts der vielen TT-Pfunde bei gleichzeitig eingeschränktem Leistungsvermögen kaum die Rede sein. Schnell an seine Grenzen kommt bei verschärfter Gelände-Hatz auch das Fahrwerk, insbesondere das mit zu geringem Federweg ausgestattete Heck. In serienmäßigem Zustand verlassen deshalb die wenigsten TT 500 das Stöcker'sche Anwesen: »Wir haben kaum Cross-Versionen verkauft, die meisten wurden mit StVZO-tauglicher GS-Ausstattung geordert, inklusive Maico-Lampe und Bilstein-Federbeinen. Die Original-Gabel wurde zum Teil belassen oder durch ein Maico-Modell ersetzt.«

Um dem TT-Triebwerk ein taugliches Fahrgestell zur Seite zu stellen, gibt Helmut Stöcker sogar einen speziellen Rahmen in Auftrag: »Die Herausforderung lag darin, etwas zu schaffen, das werksseitig nicht angeboten wurde.« Das Spezialfahrwerk für die in Kleinserie geplante »Stöcker-Yamaha« läßt der sportbegeisterte Hesse, der zeitweise auch

Die sportliche Schwester: Befreit von StVZO-Ballast präsentiert sich die TT 500.

ein Cross-Team unterhält, vom Fraunhofer Institut für Betriebsfestigkeit in Darmstadt in die Mangel nehmen. Dazu werden 24 Dehnmeßstreifen an Rahmen und Schwinge verteilt und danach das mit einer Maico-Gabel und getuntem Motor ausgestattete Unikat über eine Schlaglochstrecke geprügelt. Mit Erfolg, denn die Darmstädter Ingenieure attestieren in ihrem Bericht vom 21.11.1980 dem Rohrverbund aus leichtem wie hochfestem Mangan-Molybdän-Stahl der Marke Reynolds 531, »daß die Bereiche Steuerkopf, Motoraufhängung und Hinterradschwinge ausreichend niedrig beansprucht sind. Im Bereich der Anlenkung des Federbeins sollte das innere Versteifungsblech ebenso wie das äußere Blech seitlich angelötet werden, womit auch in diesem Bereich eine ausreichende Lebensdauer zu erwarten ist.« Daß es trotz des vielversprechenden Zeugnisses letztlich bei zwei Einzelstücken bleibt, liegt, so Helmut Stöcker, an exorbitanten Kosten: »Das komplette Motorrad mit dem von Robin Rhind Tutt (Wasp) in England gefertigten Rahmen wäre zu damaliger Zeit auf 14.000 Mark gekommen. Mit 9.000 Mark hätte es gerade noch in den Markt gepaßt.«

Wasp ist 1980 nicht die einzige Cross-Gespannschmiede, die sich an einem echten Offroad-Rahmen für den XT-Poltergeist versucht. Auch Willi Heitmann aus Ostbevern (HEOS) im Münsterland, Macher der Hardware des vielfachen Seitenwagen-Titelträgers Josef Brockhausen, startet 1980 ein Solo-Projekt. Der erfahrene Geländesportler beweist Geschick mit seiner Mischung aus Eigenbaufahrwerk und aufgebohrtem Yamaha-Single – sein Fahrer Fritz Witzel erringt auf einer HEOS-XT bei der Enduro-Europameisterschaft 1981 in der Klasse über 500 ccm hinter Honda-Fahrer Hans-Werner Pohl den zweiten Platz. Einer seiner härtesten Konkurrenten auf nationalen wie internationalen Kursen ist Ex-Maico-Akteur Werner Schütz, der ebenfalls eine Yamaha lenkt. Sein von Kurt Tweesmann präpariertes Motorrad basiert auf der HL 500, Yamahas heißester XT-Variante fürs Gelände.

Pannenhilfe: Die Räder der Paris-Dakar-XTs sind auf schnelle Wechsel eingerichtet.

Hallman und Lundin: ein starkes Schweden-Stück

Die Moto-Cross-Weltmeisterschaft 1977 beginnt mit einer kleinen Sensation: Der frühere Doppelweltmeister Bengt Aberg schiebt einen rot-weißen Yamaha-Renner an den Start, in dem unüberhörbar ein Viertakt-Herz schlägt. Das wiederum entpuppt sich bei genauerem Hinsehen als getuntes XT-Aggregat. Mit seinem infernalisch brüllenden Ballermann hat es der Schwede auf die versammelte Zweitakt-Zunft der 500er Klasse abgesehen. Mit dem Finnen Heikki Mikkola, dem US-Boy Brad Lackey, Roger de Coster aus den Niederlanden, dem Belgier Gerrit Wolsink oder deren deutschem

Kollegen Herbert Schmitz steht Aberg allerdings harte und hochkarätige Konkurrenz ins Haus, die am Gasgriff zu drehen versteht – und zudem mit mehr PS und gleichzeitig weniger Gewicht gewappnet ist.

Bauen kann der Herausforderer immerhin auf erstklassige Schützenhilfe, schließlich steckt hinter dem Viertakt-Projekt ein populäres Duo: Die eine Hälfte heißt Torsten Hallman, ist Teilhaber des schwedischen Yamaha-Importeurs Hallman & Enquist und darüber hinaus viermaliger Vierteliliter-Crossweltmeister (1962 und '63 sowie 1966 und '67). Die andere trägt den nicht minder wohlklingenden Namen Sten Lundin, der 1959 und 61 als Weltmeister in die Annalen der 500er Cross-Klasse einging. Zusammen haben sie um den XT-Motor herum eine Wettbewerbsmaschine entstehen lassen, die für gehörigen Gesprächsstoff sorgt: »Aberg und das Tier« tituliert beispielsweise die MOTO VERTE-Redaktion den Schweden-Expreß.

Dampfhammer-Dompteur Bengt Aberg jedenfalls sieht der '77er Saison zuversichtlich entgegen: »Die XT 500 ist stark genug, um in der Weltmeisterschaft kräftig mitzumischen, außerdem läßt sie sich viel einfacher fahren als ein Zweitakter, ich muß zum Beispiel nicht so oft schalten.« In den folgenden Wochen und Monaten läßt der 34jährige Viertakt-Fan seinen Worten Taten folgen und die XT im Cross-Kleid über die WM-Kurse fliegen. Gleich beim ersten WM-Lauf fährt Aberg respektlos in die Punkteränge – und das nicht zum letzten Mal. Am Ende winkt zwar kein Platz auf dem Treppchen, ein fantastischer neunter Rang inklusive 62 fleißig gesammelter Punkte indes lassen die fahrerische Extraklasse des schnellen Schweden erkennen, die fehlende Motor-Power ausgleicht. Aberg bringt es sogar fertig, beim Großen Preis von Luxemburg das Halbliterfeld in Grund und Boden zu fahren und auf seinem schwergewichtigen Single einen Laufsieg zu erringen – acht Jahre nachdem der Brite Dave Nicoll auf einer BSA den letzten Erfolg eines Ballermanns in der internationalen 500er-Klasse verbucht hatte.

Die Aberg-Replika: Yamaha HL 500

Angesichts dieser beeindruckenden Viertakt-Vorstellung läßt sich Yamaha nicht lumpen und legt 1978 eine Aberg-Replika namens H(allman)L(undin) 500 aufs »Band.« Letzteres ist nicht ganz wörtlich zu nehmen, denn die Yamaha ist kein japanisches Fließband-Geschöpf, sondern wird kurioserweise in England montiert – in den Hallen von NVT (Norton-Villiers-Triumph). Dort entsteht auch der Rahmen aus Reynolds-Rohr, ganz nach den Vorgaben von Hallman und Lundin versteht sich. Wie beim Original schluckt auch das HL-Hauptrohr den Ölvorrat, womit jegliche Ähnlichkeit auch schon endet. Von der Cross-Geometrie über höhere Stabilität bis hin zu niedrigerem Gewicht nämlich zeigt das Fahrgestell ein völlig anderes Gesicht. Das gilt ebenso für den Rest des Cross-Krachers: Die kurze Alu-Schwinge stammt aus schwedischer Produktion, desgleichen die steil stehenden Öhlins-Gasdruckstoßdämpfer mit separatem Ausgleichsbehälter (260 mm Federweg). Die übrigen Accessoires finden sich im Yamaha-Programm. Hinter- und Vorderrad (Magnesium-Halbnaben-Bremsen plus D.I.D.-Felgen und Dunlop-Pneus) sowie die ölgedämpfte Kayaba-Gabel mit zusätzlichem Luftpolster (250 mm Federweg) leiht beispielsweise die YZ 400, den 5,5-Liter-Sprit-Spucknapf liefert eine YZ 125 des '75er Jahrgangs. Wie heißt es bei MOTO VERTE so schön: »Nichts geht verloren.«

Verpflanzt wird schließlich auch ein XT-Triebsatz, den die Yamaha-Ingenieure vorher allerdings etwas trimmen. Ein 36er Mikuni-Vergaser plus geändertem Luftfilter und ungedämpfter Auspuffanlage lassen die Leistungskurve auf 36 PS hochschnellen. Damit liegt die HL in Sachen Höchstleistung immer noch mehr als 10 PS hinter der Zweitakt-Konkurrenz zurück. Begeistern kann, dessen ungeachtet, die bullige Kraftentfaltung des kurz (15:48) übersetzten Dampfhammers: »Die kam sofort und heftig ohne Ende«, so der vielsagende Stöcker'sche Kommentar zur Elastizität des Schweden-Schlagers. Wohltuend abzuheben von der kreischenden Konkurrenz weiß sich auch der satte Schlag des Viertakt-Hammers, der Reminiszenzen an längst vergangene Zeiten weckt.

In sich hat es auch das Fahrverhalten der mit kurzem Radstand und steilem Steuerrohrwinkel gesegneten HL. Kraft heißt das Zauberwort, um das Schwergewicht auf Kurs zu halten. Schließlich schleppt der Viertakter knapp 120 Kilo mit sich herum – fast 30 Pfund mehr als großvolumige Zweitakt-Crosser: »Wenn das Vorderrad mal Bodenkontakt hatte, dann mußte man wirklich kämpfen, um sie in der Spur zu halten.« Die Position des Piloten ist unter diesen Umständen klar vorgegeben, ran an den Tank und viel Druck auf die Frontpartie heißt das Motto, um dem »Männerspielzeug« par excellence die Zügel anzulegen. Doch die Zähmung des eigensinnigen Eintopfes gestaltet sich unerwartet schwierig: »In Serien-Abstimmung war die Gabel zu

Ein starkes Schwedenstück für echte Männer: Ex-Yamaha-Händler Helmut Stöcker und seine HL 500.

labil, die Stoßdämpfung zu hart und der Radstand zu kurz. Wenn ein Cross-Pilot seitwärts über einen Sprunghügel hechtete, saß er meistens auf einer HL 500«, so MOTORRAD-Tester Hans-Peter Leicht. Nicht jeder ist dazu berufen gewesen, das Kraftei zu bändigen, was dessen Reiz nur noch erhöht. Der Herausforderung entziehen kann sich auch Helmut Stöcker nicht, und so packt der damalige Stützpunkthändler für Yamaha-Crossmaschinen den Single-Stier bei den Hörnern. Das bessere Ende im Kampf Mann gegen Maschine behält allerdings die HL. Das jedenfalls muß sich der nach einem Gelände-Wettbewerb völlig platte Pilot eingestehen: »Ich war so fertig, ich dachte ich müßte in die Klinik. Damals habe ich gedacht, das mache ich nie wieder.« Respekt verschafft sich die Yamaha HL 500 schon im Stand. Denn ein 940 Millimeter vom Boden entfernter Hochsitz sorgt für eine natürliche Fahrerauslese. »Die meisten kamen mit dem Ding nicht zurecht. Die Körpergröße war schon mal vorgegeben«, so Stöcker weiter. Einmal im Sattel haben die Hünen unter den Moto Crossern mit dem nächsten Hindernis zu kämpfen – dem Startverhalten des manchmal bockigen Brummers. Dem HL-Kickstarter fehlt nämlich der Freilauf, so Zweirad Stöcker-Werkstattchef Dieter Kleinsteuber: »Wenn der Kickstarter von der Kompression einen gekriegt hat, dann hat man bei der XT und TT gar nichts gemerkt, während man bei der HL gleich einen verpaßt bekam. Das war unangenehm. Da hat mancher vor dem Motorrad gestanden statt draufgesessen.« So muß die 6.200 Mark teure HL – ab 1979 ausgestattet mit SR-Motor samt elektronischer Zündung, 38er Vergaser und 38 PS – auf deutschen Cross-Parcours mit dem Schicksal eines Exoten vorliebnehmen, »es war kein Geschäft und auch keine Aussicht da, eines zu werden.«

Anders in den Vereinigten Staaten, wo sich frühzeitig eine ureigene Szene etabliert und bereits ab 1975 eine nationale Viertakt-Crossmeisterschaft mächtig Staub aufwirbelt. Dort fighten in den verschiedensten Klassen (Pro's, Neulinge, Frauen, dazu Twins und Oldtimer) Fahrer unterschiedlichster Couleur, die bei allen Gegensätzen eines verbindet – der Spaß am »four stroke sound«. Mächtig Musik machen bei den Meisterschaften selbstverständlich auch Yamaha-Singles. 1980 beispielsweise klettert bei den Pro's Pierre Karsmakers aufs Siegerpodest. Sein Fahrzeug: eine HL mit per Protec-Kit auf 598 ccm aufgebohrtem TT-Motor. Auf Platz zwei stürmt mit Danny Turner ein weiterer HL-Artist, der ebenfalls erfolgreich auf Protec-Power setzt.

Tweesmann baut, Schütz siegt: HL-Hammer mit 605 ccm

Aber warum in die Ferne schweifen, auch in heimischen Gefilden erringt die Cross-XT mit Ruhm und Ehre – und zwar in der Deutschen Geländemeisterschaft. Einer der Dreh- und Angelpunkte für den DM-Einsatz des XT-Eintopfes ist der Yamaha-Händler Kurt Tweesmann. Der Ostwestfale hängt mit Leib und Seele an drehmomentstarken großvolumigen GS-Viertaktern – ein Engagement, das nicht von ungefähr kommt: »Ich bin 1959 auf einem »ähnlichen« Motorrad zum ersten Mal Deutscher Meister geworden – auf einer AJS 18 CS, ebenfalls ein 500er Viertakt-Einzylinder. Damals fuhr man die großen BMW, und das war eine kleine Sensation, als ich mit der Einzylinder-AJS auftauchte. Es hat damals auf Anhieb hingehauen, ich wurde in der Klasse über 500 ccm Deutscher Meister.«
Die nächsten Stufen seiner Geländesport-Karriere erklimmt der Hüne auf Zweizylinder-Motorrädern, vorzugsweise Werksmaschinen von BMW. Zwischenzeitlich lernt er die Konkurrenz auch mal auf einer 650er Triumph Metisse mit Bonneville-Motor

das Fürchten und heimst so 1965 seinen zweiten DM-Titel ein.

Als elf Jahre später die XT 500 vorgestellt wird, hängt Tweesmanns Helm zwar schon am berühmten Nagel, von Rennatmosphäre und dem Klang kerniger Viertakt-Motoren aber kann sich der erfolgreiche Enduro-Athlet nicht trennen. Yamahas Wiederbelebungsversuch in Sachen Halbliter-Eintopf kommt dem Motorradhändler wie gerufen, als Tuner schlägt er ein neues Karriere-Kapitel auf. »Tweesmann XT 505« heißt eine seiner frühen Kreationen. Mit Marzocchi-Gabel und Bilstein-Federbeinen, TT-Tank und Solo-Sitz frischt der Offroad-Spezialist das XT-Fahrgestell auf, Sportkolben (87,75 mm Bohrung), scharfe Nocke, neue Ölsteigleitung und ein freizügiger Auspuff helfen dem Triebwerk auf die Sprünge. Noch mehr Dampf bringt ein 535-ccm-Tuning-Satz, doch das ist nur Stückwerk. Tweesmanns Meisterstück, das ist zweifellos die HL 605.«

Als die HL rauskam, habe ich gleich gesagt, daß da was zu machen ist.« Bevor die Cross-XT allerdings in den Geländering steigen darf, geht sie erst einmal in Tweesmanns Tuning-Trainingslager. »Fürs Moto Cross mag die HL 500 durchaus geeignet gewesen sein, im Geländebetrieb aber war das Fahrzeug anstrengend. Mit der 500er kamen wir schon von der Leistung her nicht zurecht. Auch das Fahrwerk haben wir entsprechend verändert. Die Dämpfung der Original-Gabel gefiel uns zum Beispiel nicht. Wenn Sie im Gelände am Tag 350 km fahren, muß das Fahrwerk etwas komfortabler ausgelegt sein. Wir haben deshalb andere Gabeln verbaut, anfangs von der IT 465 und später dann dann von YZ 250/490.« White-Power-Gasdruckfederbeine nehmen der Hinterhand die Härte, eine verlängerte Schwinge schafft Spurtreue: »Die Originalschwinge ist auf auf Kurse mit engen Ecken ausgelegt. Der Geländesport mit seinen großen Distanzen stellt aber ganz andere Anforderungen als die Disziplin Moto Cross. Mit der verlängerten Schwinge, die auf Wunsch von Werner Schütz ins Spiel kam, ließ sich die HL 500 ganz anders fahren.«

Gleiches gilt für die Leistungsentfaltung des auf 605 ccm aufgebohrten Triebwerks: »Der 500er Motor war fürs Moto Cross tauglich, nicht aber für den Geländesport. Wenn Sie mal im Schlammloch steckten und die HL untertourig lief, machte es blubb und weg war sie. Und dann ging das Treten los. Deshalb sind wir auf den großen Kolben gegangen. Sie brauchen im Gelände vor allem Leistung von unten heraus, das Kriterium erfüllte der 605-ccm-Satz perfekt. Damit lief die HL fantastisch. Wir haben die serienmäßige Laufbuchse rausgepreßt, einen verhältnismäßig schweren, aber stabilen Laufbuchsen-Rohling reingesetzt und uns dazu Kolben von Mahle machen lassen, die ein kurzes Hemd hatten und dementsprechend leicht waren. Dazu sind die Ein- und Auslaßkanäle aufgefräst und die Ventilsitze dementsprechend geändert worden. Den Vergaser haben wir belassen.« Auch die Nocke bleibt, da Versionen mit schärferen Steuerzeiten nicht die gewünschten Ergebnisse bringen: »Wir haben auch andere Nockenwellen ausprobiert, doch für den Geländesport waren die zu spitz. Deshalb haben wir sie wieder herausgenommen und sind auf die Seriennocke zurückgegangen.« Standfestigkeit zählt zu den Stärken des potenten Singles, nachdem anfängliche Zerreißproben der Vergangenheit angehören: »In der ersten Zeit hatten wir das Problem, daß der Zylinder unten abriß. Das lag aber meistens daran, daß die Schrauben ungleichmäßig angezogen wurden. Als wir darauf peinlichst genau achteten, hielten die.«

Auf etwa 42 PS veranschlagt Tweesmann den mit einer SR-Transistorzündung bestückten XT-Motor, der mit gleichmäßiger Leistungsabgabe aus dem Drehzahlkeller heraus glänzt – wenn er erst einmal läuft. Die HL 605 legt nämlich ein zuweilen störrisches Startverhalten an den Tag, eine Eigenart, die

Der Meister und sein Motorrad: Werner Schütz holte 1981 auf einer Tweesmann-XT 605 die Enduro-DM in der Viertakt-Klasse über 500 ccm.

immer wieder für Strafpunkte gut ist. Schließlich gilt es bei der obligatorischen GS-Startprüfung, dem Pott innerhalb von einer Minute Lebensäußerungen zu entlocken: »Das Problem der HL war gerade das Anspringen, das mußte man wirklich im Griff haben. Das war jeden Morgen bei der Startprüfung eine besondere Zeremonie, weil sie sehr schnell absoff. Und wenn Sie in der Sonderprüfung das Fahrzeug mal ausbremsen und sich dann die Lunge aus dem Hals treten müssen, ist das auch nicht angenehm. Deshalb haben wir die Verdichtung auf 1:9 bis 1:9,5 zurückgenommen, indem wir den Kolben geplant haben. Zusätzlich haben wir versucht, die Schwungmasse von der Lichtmaschine abzudrehen. Das hat sich aber ebensowenig bewährt, wie das Ausfüllen mit Kunststoff. Der zerbrach und zerschlug uns das jedesmal den Motordeckel, weshalb wir es schließlich bei der serienmäßigen Ausführung belassen haben.«

Vom Original unterscheidet sich der ostwestfälische Ableger auch in puncto feiner Details, teure Titan-Schrauben zum Beispiel trimmen das Kampfgewicht und treiben den Preis der HL 605 auf 15.000 bis 16.000 Mark hoch – 1981 ist das ein stolzer Preis. Trotzdem tauchen auch betuchte Enduristen bei Tweesmann auf, um sich ihren Eintopf vom Fachmann veredeln zu lassen: »Serienmaschinen haben wir damals häufig umgebaut und per Einzelabnahme über den TÜV gebracht – mit Hilfe eines Leistungsdiagramms der Wettbewerbs-Version, das Yamaha zur Verfügung stellte.« Da schau einer her, was in den guten, alten Zeiten noch alles möglich ist – mit Segen des Gesetzgebers. Anno '93 klingt das angesichts verschärfter Abgas- und Lautstärke-Bestimmungen wie ein Märchen.

Pure Realität aber ist zwölf Jahre zuvor der Punch der im Auftrag von Yamaha vorbereiteten Wettbewerbsmaschine. Der Neunkirchner Werner Schütz holt sich mit dem potenten 605er Eintopf in der Saison '81 die Deutsche Enduro-Meisterschaft in der

Zurück in die Zukunft: Dirk Tehlen düpierte 1990 auf einer leicht modifizierten XT 500 die Konkurrenz.

Klasse über 500 ccm. Ergänzt wird der Triumph des Tweesmann-Teams durch den vierten Platz von Carsten Diekjobst in der Enduro-Europameisterschaft. Mit diesen Erfolgen erlebt die HL gleichzeitig den Höhepunkt ihrer Karriere im Geländesport-Lager. Zwar wird die HL 605 zu Anfang der Saison '82 noch in der Enduro-EM wie -DM eingesetzt, das aber nur bis zur Fertigstellung der XT 550, mit der Eddy Hau dann die Europameisterschaft gewinnt.

Die 605-ccm-Version ist die erfolgreichste, nicht aber die hubraumstärkste Tweesmann-Variante auf Basis des XT 500-Motors. Für den Einsatz in der Klasse über 750 ccm bringt der Offroad-Fachmann aus Ostwestfalen ein XT-Triebwerk auf über einen Dreiviertelliter-Hubraum: »Wir haben unter anderem ein anderes Pleuel eingebaut, einen dickeren Kolben spendiert und dann unter den eigentlichen Zylinder eine Aluplatte gesetzt. Als wir den Motor angetreten haben, hat uns der mit einem wunderbaren Standlauf überrascht. Einer meiner Monteure hat die 750er bei kleineren Verannstaltungen gefahren – dort aber trat dann das Problem auf, daß wir den Zylinder nicht zum Halten kriegten. Unter harten Wettbewerbsbedingungen hat es den Zylinder runtergerissen.«

Unter die Rubrik Skurrilitäten fallen Jahre später auch die wundersamen Auftritte einer Wunderlich-XT. Beim Moto Cross-Meisterschaftslauf 1990 in Kempenich/Eifel treibt der Fahrer Dirk Thelen eine leicht modifizierte »deplaziert wirkende« '78er XT auf einen sagenhaften zweiten Platz! Ein Jahr später wiederholt der talentierte Crosser den Überraschungscoup, läßt wiederum Eigner modernen Materials alt aussehen und landet mit dem überholten (u. a. XT-600-Gabel samt Scheibenbremse) Klassiker erneut auf Rang zwei. Und um das Maß voll zu machen, schickt Thelen mit dem von Wunderlich präparierten schwarzen Single beim Supercross auf dem Nürburgring im gleichen Jahr weitere Konkurenten in die Wüste. Erst im Halbfinale ist für das kuriose Gespann endgültig Endstation. Egal, die gute alte XT hat wieder einmal erstaunliche Nehmerqualitäten unter Beweis gestellt. Und sich wieder einmal Respekt verschafft.

1980 erhält die XT-Familie Zuwachs in Form einer Viertelliter-Version.

Familien-Bande

Halbe Portion: Yamaha XT 250

1980 ist es soweit: Die XT-Familie bekommt Zuwachs, dem Halbliter-Eintopf wird eine kleine Schwester zu Seite gestellt. XT 250 heißt der neue Yamaha-Sproß. Als »das Original vom Original« preisen die stolzen Eltern die Viertelliter-Version an.

Der Wink mit dem Zaunpfahl ist gar nicht nötig, denn Ähnlichkeiten zwischen den beiden Enduros sind nicht zu übersehen. Schließlich ist das Design der »Kleinen« eng an das der dicken Schwester angelegt, ohne diese gleich zu kopieren. Ein eigenständiges Erscheinungsbild sichern der halben Portion mit dem unten offenen Rahmen schon fünfzig fehlende Pfunde – die grazile 250er erinnert an eine Primaballerina, während die muskelbepackte 500er im Vergleich eher das Bild einer Kugelstoßerin wachruft.

In der Praxis bestätigen sich die ersten Eindrücke. Geradezu spielerisch läßt sich der Geländehüpfer bewegen, große Kraft und Kondition sind nicht nötig, um das 125-Kilo-Leichtgewicht über Stock und Stein zu steuern. Auch auf Asphalt legt die kesse Kleine ein flottes Fahrverhalten an den Tag, ob nun als wendiges Citybike oder als Spaßmobil für lockeres Landstraßen-Sightseeing.

Der Fahrfreude stehen dabei keinerlei Startprobleme im Wege, im Gegenteil. Der Viertelliter-Motor läßt sich mit einem kurzen Kick zum Leben erwecken, ein mit dem Kickstarter verbundener Seilzug hebt dabei automatisch das Auslaßventil etwas an und vermindert so den Verdichtungsdruck beim Anwerfen.

Damit verdient sich die »Light«-XT das Prädikat »frauenfreundlich«, zumal auch die Sitzhöhe mit 84 cm nicht zu hoch und die an eine Straßenmaschine erinnernde Sitzposition zudem kommod ausfällt. Die Damen jedenfalls wissen solch galante Umgangsformen zu schätzen, nicht umsonst ist ungefähr jeder sechste Käufer eine Frau. Mit dieser Quote steht der auf kernige Auspufftöne verzichtende Leisetreter innerhalb Yamahas XT-Familie einsam an der Spitze, was die weibliche Gunst betrifft. Nur halb so viel Zuneigung etwa erhält im Vergleich die XT 500.

Ob Männlein oder Weiblein, den vibrationsarmen Lauf des Kurzhubers (56,5 mm Hub bei 75 mm Bohrung) wissen ausnahmslos alle zu schätzen. Eine über ein Stirnrad angetriebene Ausgleichswelle schluckt einiges an Schwingungen und verhilft dem klassischen Zweiventiler zu einer für einen Einzylinder-Viertakter beachtlichen Laufkultur. Erst bei höheren Drehzahlen macht das Aggregat doch etwas stärker auf sich aufmerksam.

Wer die volle Viertelliter-Leistung fordert, kommt nicht umhin, die Drehzahlmessernadel einen gro-

Nicht als Wheelie-Wunder, sondern als handliche Enduro mit Vorliebe für Landstraßen entpuppte sich die XT 250.

ßen Bogen schlagen zu lassen: Erst bei 8.600 U/min erreicht der spritzige schwarze Single in der offenen Version die angegebenen 22 PS. Damit erreicht er Drehzahlregionen, die dem Halbliter-Familienmitglied nur vom Hörensagen bekannt sind. Wer die Kurbelwelle so richtig rotieren läßt, rauscht mit Tempo 120 durch die Lande, ausgiebige Autobahn-Einsätze allerdings gehören nicht unbedingt ins ureigentliche Routen-Repertoire der XT 250.

Touren in trauter Zweisamkeit übrigens ebenfalls nicht, da bei Zweipersonen-Betrieb schon das Temperament der kleinen XT arg nachläßt und der Sitzplatz beschränkt ist. Außerdem befinden sich die Soziusrasten direkt an der Schwinge. Das Einsteigermodell ist eben so sehr »Original«, daß es auch einige familiäre Macken, wie etwa die Sechs-Volt-Notbeleuchtung, geerbt hat. Oder eine schwächliche vordere Trommelbremse. Oder ein Mini-Benzinbehältnis von acht Litern Inhalt, der nach einer Fahrtstrecke von gut 150 Kilomtern schon das Umlegen des Benzinhahns auf die Reserve-Stellung erforderlich macht. Mit ihrem Aktionsradius von ungefähr 200 km empfiehlt sich die XT 250 deshalb in erster Linie für Kurzstreckenbetrieb.

Hier und da wirft die Newcomerin allerdings auch fortschrittliche Details ins Rennen. Eine kontaktlose Zündung zum Beispiel oder vergleichsweise üppige Federwege. Die Telegabel bleibt dabei mit 205 mm in einem von der »Großen« gewohnten Rahmen. Die von den Zweitakt-Enduros übernommene zierliche Cantilever-Schwinge mit Zentralfederbein dagegen hat an Federweg mächtig zugelegt, immerhin 179 mm stellt sie zur Verfügung. Trotzdem kann die Dreiecks-Schwinge nicht ganz überzeugen, auf holprig-hartem Untergrund erweist sie sich als wenig feinfühlig – moderne Hebeleien haben hier eindeutig mehr zu bieten. Auf den Asphaltbändern dieser Welt schaut das schon anders aus, dort schlägt sie in Sachen Komfort die meisten Straßenmaschinen um Längen. Schlagende Argumente hat die XT 250 auch in puncto Unterhaltskosten parat. Per Drosselung auf 17 PS bleibt die Versicherungsprämie im Rahmen, der schmächtige Hubraum und ein Spritverbrauch von durchschnittlich vier Litern Normalbenzin plündern das Portemonnaie ebensowenig. Was die Wartung betrifft, zeigt sich die kleine XT gleichfalls anspruchslos. Zwei über Kipphebel betätigte Ventile sind im Handumdrehen justiert, der simple Mikuni-Schiebervergaser fordert auch keine Spezialkenntnisse, die kontaktlose CDI-Zündung verzichtet gleich ganz auf regelmäßigen Zuspruch.

Summa summarum offeriert Yamahas zweiter XT-Wurf Zweirad-Einsteigern wie Aussteigern aus der motorisierten Leistungsgesellschaft einen properen und preisgünstigen Zeitvertreib. Diese Qualitäten bescheren der Enduro-Spardose zwischen 1980 und 1985 6.664 Käufer, die XT 500 kommt im gleichen Zeitraum auf 14.165 Neuzulassungen. Damit bleibt das »Original vom Original« im Schatten ihrer großen Schwester, von deren Prestige sie ein bißchen zehren kann. Ihren markanten Charakter aber hat die der »Kleinen« nicht vererbt. Die XT 250 ist kein großer Knaller, kein Poltergeist, sie schiebt kein Afrika-Abenteuer-Motorrad-von-Welt-Image vor sich her, sondern entpuppt sich »nur« als eine einfach zu handhabende, sanft dahinschnurrende Enduro ohne große Ecken und Kanten.

Der französische Verwandte: Yamaha XT 400

Speziell für den französischen Motorrad-Markt legt Yamaha eine 400er aufs Band. Grund für diese Nischenpolitik ist eine geänderte Gesetzgebung, die den Motorradfahrern von der Bretagne bis an die Cote d'Azur eine zusätzliche XT-Variante beschert.

Nicht voll eingeschenkt: Speziell für den französischen Markt legte Yamaha eine XT 400 aufs Band.

Im Stand lassen sich die 400er und die 500er XT kaum voneinander unterscheiden. Kein Wunder, denn bis auf den Hubraum und einige Kleinigkeiten wie ewa eine kürzere Endübersetzung sind die beiden Modelle praktisch baugleich. Einmal in Fahrt aber ist die Vier-Fünftel-XT gleich an ihrer abweichenden Motor-Charakteristik zu erkennen. Das im Hub (67,2 statt 84 mm) reduzierte XT-Triebwerk nämlich hat seinen Dampfhammer-Schlag eingebüßt und im Gegenzug an Drehfreude gewonnen. Bei 7000 U/min erst entwickelt die quirlige Sonderausführung ihre maximale Power von 28 PS, während das Original 500 U/min früher vier PS mehr drauflegt. Entsprechend auseinander fallen auch die Drehmoment-Kurven der beiden eng miteinander verwandten Triebwerke. Während der schlecht eingeschänkte halbe Liter sich mit Mühe auf 31 Nm bei 6.000/min hochschwingt, legt die 500er mit 40 Nm bei bereits 5.500 U/min locker eine Schippe drauf.

Die bessere XT bleibt im Vergleich deshalb die unverfälschte, weil urig-kräftige 500er. Diesem Urteil schließen sich auch die französischen Motorradfahrer an, denn die von 1981 bis 1984 produzierte XT 400 bringt es nur auf 1.393 Einheiten. Für die XT 500 dagegen vermeldet die französische Verkaufsstatistik allein 1981 schon 2.685 Verkäufe.

Der »Nachfolger«: Yamaha XT 550

Daß Erfolg nur begrenzt planbar ist, dokumentiert die kurze Geschichte der Yamaha XT 550. Eigentlich hatten ihr die japanischen Manager ins Stammbuch geschrieben, als Nachfolger der Ur-XT Yamahas Enduro-Erfolgsgeschichte nahtlos fortzusetzen. Doch bereits zwei Jahre nach ihrem Debüt im Jahre 1982 verschwindet die Kronprinzessin sang und klanglos wieder von der Biker-Bühne. Die 550er ist ein Opfer des Fortschritts in Form der XT 600 geworden, während der legendäre Klassiker XT 500 sich dank markanter Konturen und unverwechselbaren Charakters noch fünf Jahre behaupten kann. Technische Neu- und Weiterentwicklungen an allen Ecken und Enden reichen der XT 550 nicht, ihrer Vorläuferin den Rang abzulaufen.

Vom Grundkonzept ähnelt die XT 550 bei genauerer Betrachtung mehr der 250er als der Halbliter-Schwester. Ein unten offener Einrohrrahmen – allerdings inklusive Trockensumpfschmierung à la XT 500 mit Ölreservoir im Rahmenrückgrat – plus Cantileverschwinge jedenfalls legt diesen Vergleich nahe. Die gebotenen Federwege (vorne 205 mm, hinten 190 mm) wie auch die Fahrwerksgeometrie (61,8 Grad Lenkkopfwinkel und 115 mm Nachlauf) weisen ebenfalls mehr in Richtung XT 250 (61 Grad und 118 mm) denn 500 (59,3 Grad und 135 mm bzw. 60,2 und 131 mm). Das derart auf Handlichkeit getrimmte 550er Fahrgestell kann im Hochgeschwindigkeitsbereich allerdings leichte Fahrwerksunruhen nicht leugnen.

Auch auf seiten der Antriebsquelle lassen sich, in kleinen Details zugegeben, Beziehungen zwischen der neuen und der kleinen XT herstellen. So haben die Yamaha-Ingenieure der XT 550 eine moderne CDI-Zündung wie auch eine zahnradgetriebene Ausgleichswelle verpaßt, die allerdings nicht verhehlen kann, daß im Innern des Zylinders ein Kolben mit 92er Bohrung rauf- und runterstampft.

Von solchen Feinheiten abgesehen präsentiert sich das Triebwerk der 550er als aufwendige Neukonstruktion. Um der Konkurrenz in Gestalt der Honda XL 500 R oder Suzuki DR 500 S Paroli bieten zu können, nehmen die Ingenieure in Hamamatsu Abstand von der bis dato XT-typischen simplen wie wartungsfreundlichen Zweiventiltechnik. Den Gasdurchsatz steuern nun vier durch Kipphebel und eine obenliegende Nockenwelle bewegte Ventile, den Brennstoff stellt ein aufwendiger Teikei-Regi-

Ohne Fortüne: Die XT 550 biß sich an der XT 500 die Zähne aus – trotz Vorsprung durch Technik.

stervergaser bereit. Die erste Hälfte des Gasgriffweges arbeitet allein ein Schiebervergaser mit 26 mm Durchlaß, danach schaltet sich der Gleichdruck-Kollege nebenan zu.

Die Zusammenarbeit bringt im Ergebnis eine bessere Füllung und mehr Temperament über 4000 Touren. Und mehr Leistung. Genau 38 PS produziert der überreichlich eingeschränkte halbe Liter (558 ccm), 6500 U/min zeigt dann die Drehzahlmessernadel an. Tausend Touren früher steht das maximale Drehmoment an, das mit 44 Nm ebenfalls zugelegt hat.

Um den Zuwachs an Dampf des auch im unteren Drehzahlbereich kultiviert zu Werke gehenden Vierventilers zu genießen, braucht es keine wuchtige Wade, es reicht ein kurzer Tritt auf den Kickstarter, der übrigens dank eines Mechanismus ähnlich der XT 250 automatisch die Verdichtung reduziert.

Umstellen müssen sich Umsteiger von der alten XT auch hinsichtlich der elektrischen Anlage, die endlich auf der sicheren 12-Volt-Seite ist und darüber hinaus dank H 4-Scheinwerfer nicht wie die alte XT mit Nachtblindheit geschlagen ist. Auch tagsüber läßt's sich leichter leben, ein 12 Liter fassender Spritbehälter verringert die Zahl der notwendigen Tankpausen. Nur leider ruft seine Form wenig Freude hervor, da wenig geeignet, einen Tankrucksack zu tragen. Schade, denn eine Zuladung von immerhin 195 kg steht der XT 550 ansonsten gut zu Gesicht.

Nicht in allen Punkten vermag die Neukonstruktion also zu glänzen. Die Trommelbremse im Vorderrad ist dem leistungsgesteigerten Triebwerk nicht gewachsen, den Transport einer weiteren Person vermiesen wieder einmal direkt an der Schwinge montierte Fußrasten. Ein sich aufheizendes, weil zwischen Motor und Tank plaziertes Federbein zieht darüber hinaus bei härterer Beanspruchung gegenüber dem Pro-Link-System der Honda XL 500 R den kürzeren.

Unter dem Strich zeigt sich die nach Yamaha-Sprachgebrauch »Sortiments-Abrundung nach oben« überwiegend moderner, komfortabler und leistungsstärker als die Ur-XT. Daß die Zuverlässigkeit dabei nicht gelitten hat, stellen Einsätze bei der Rallye Paris – Dakar und in der Gelände-Europameisterschaft erfolgreich unter Beweis. So holt sich Eddy Hau auf einer von Kurt Tweesmann für Yamaha präparierten XT 550 den EM-Titel in der Klasse über 500 ccm. Nicht nur den Tuner Tweesmann überrascht die Standfestigkeit des Neulings: »Das Erstaunliche war, daß wir von der 550er Version fünf Motoren vorbereitet hatten, die alle – bis auf einen Getriebeschaden – problemlos gelaufen sind.«

Des Lobes voll sind auch die Tester von MOTO VERTE: »Die Königin bleibt also die Königin, auch wenn ihr schwer zugesetzt wurde. Angenehm im Gelände – selbst auf einem Cross-Parcours, wovon wir uns überzeugen konnten –, brillant auf der Straße, stellt sie darüber hinaus einen hervorragenden Versuch dar, den fabelhaften Charakter der 500er zu wahren, trotz unterschiedlicher technischer Lösungen.«

Trotzdem bleibt die XT 550 in Deutschland gegenüber der XT 500 nur zweite Wahl. Genau 5.401 zu 3.935 zugunsten der 500er lautet das Ergebnis im direkten Vergleich der Jahre 1982 bis 1984. Die besondere Ausstrahlung der simplen XT 500 ist hier so einfach nicht zu knacken. Die XT 550 jedenfalls beißt sich trotz Vorsprung durch Technik an der alten Dame die Zähne aus.

Presse-Spiegel

Dreizehn Jahre lang lief die XT 500 vom Band. Dreizehn Jahre beschäftigte das Evergreen wieder und wieder die Motorrad-Gazetten. Jedesmal waren die Redakteure zu ganz speziellen Sichtweisen und möglichst markigen Metaphern herausgefordert. Im Laufe der Jahre kam so eine Sammlung schlichter und schöner, ausdrucksstarker und mehr oder weniger ausgefallener Titel-Schöpfungen zusammen:

»**Die Dampframme**« – Überschrift zum XT 500-Fahrbericht in PS 4/76

»**Marktlücke?**« – rhetorische Frage von Ludwig Braun und Peter Limmert in MOTORRAD 5/76

»**Handlicher Ballermann**« – Reiner Scharfenberg fährt sie und berichtet hernach über die TT 500 in PS 9/76

»**Halbliter-Eintopf**« – diese stimmige Einschätzung geht Paul Simsas Test in MOTORRAD 15/77 voran

»**Allround Eintopf**« – Horst Briels Einsicht nach einem 20.000-km-Test in PS 4/78

»**Heißer Ritt**« – sandig und strapaziös: 25.000-km-Test inklusive Sahara-Durchquerung in MOTORRAD 6/78

»**Schrittmacher**« – Yamaha contra BMW, Honda und Suzuki in MOTORRAD 2/81

»**Einmal Afrika und zurück**« – Ein XT-Test unter »realen« Einsatzbedingungen in mo 3/81

»**Landstreicher**« – Hatto Poensgen vergleicht die XT mit der Suzuki DR 500 S in PS 6/81

»**Dauerbrenner**« – Lesererfahrungen zu XT und SR in PS 2/83

»**Dampfer für Solisten**« – Horst Briels Touren-Vergleich der XT und SR 500 in Motorrad Reisen 2-3/82

»**Kiecken Sie mal**« – Peter Senges Empfehlung für Single-Fans mit Spaß an sportlicher Betätigung in mo 3/82

»**Nostalgie-Hammer**« – Gebrauchtkauf-Info von Michael Dresen in motorrad, reisen & sport 16/83

»**Die lebende Legende**« – ehrliche Ehrfurcht von Gerhard Rudolph in motorrad, reisen & sport 25/84

»**Dauerläufer**« – Titel eines 100.000-km-Tests in mo 4/86

»**Ten Years After**« – Norbert Kappes rockige Anleihen zum Zehnjährigen in motorrad, reisen & sport 13/86

»**Ten Years After**« – zwei Tester, ein Musikgeschmack: Michael Griep gratuliert in MOTORRAD 4/86

»**Einen Kumpel verrät man nicht**« – Wolf Töns und seine Beziehung zur XT 500 in Cross 4/86

»**Dauerbrenner**« – alter Titel zu neuer, modellgepflegter XT 500 in MOTORRAD 6/86

»**Aus Liebe zum Maultier**« – Reiner H. Nitschkes tierischer Vergleich im Sonderheft ENDURO REISEN 1/87

»**Denkmal-Pflege**« – nostalgischer Fahrbericht von Jörg Moberg in ENDURO 5/87

»**Alt, aber bewährt**« – Mini Kochs Fazit des Vergleichs mit TT/XT 350 und XT 600 im CROSS-Magazin 8/87

»**Das ewige Leben**« – mit neuem Make up umwirbt die superschicke S-Version die Leser von ENDURO 10/88

»**und läuft und läuft…**« – Peter Limmerts Nachruf anläßlich der Produktionseinstellung in MOTORRAD 1/90

Technische Daten

Modell	XT 500 (1 E 6)	XT 500 (1 U 6)	TT 500 (1 T 1)	HL 500
Leistung (DIN-PS)	33	27	33	36
bei Drehzahl (U/min)	6.500	5.900	6.500	7.200
Hubraum (cm^3)	499	499	499	499
Bohrung x Hub (mm)	87 x 84	87 x 84	87 x 84	87 x 84
Verdichtung	9	9	9	9
Steuerzeiten Einlaß öffnet (Grad)	44 vor OT	44 vor OT	44 vor OT	44 vor OT
Einlaß schließt	68 nach UT	68 nach UT	68 nach UT	68 nach UT
Auslaß öffnet	76 vor UT	76 vor UT	76 vor UT	76 vor UT
Auslaß schließt	36 nach OT	36 nach OT	36 nach OT	36 nach OT
Vergaser	Mikuni VM 34 SS	Mikuni VM 32 SS	Mikuni VM 34 SS	Mikuni VM 36 SC
Durchmesser (mm)	34	32	34	36
Zündung	kontaktgesteuert	kontaktgesteuert	kontaktgesteuert	kontaktgesteuert
Primärübersetzung	77/30 = 1:2,567	77/30 = 1:2,567	77/30 = 1:2,567	77/30 = 1:2,567
Sekundärübersetzung	44/16 = 1:2,750	42/16 = 1:2.625	50/15 = 1:3,334	48/15=1:3,200
1. Gang	33/14 = 1:2,357	33/14 = 1:2,357	33/14 = 1:2,357	33/14 = 1:2,357
2. Gang	28/18 = 1:1,556	28/18 = 1:1,556	28/18 = 1:1,556	28/18 = 1:1,556
3. Gang	25/21 = 1: 1,190	25/21 = 1: 1,190	25/21 = 1: 1,190	25/21 = 1: 1,190
4. Gang	22/24 = 1:0,917	22/24 = 1:0,917	22/24 = 1:0,917	22/24 = 1:0,917
5. Gang	21/27 = 1:0,778	21/27 = 1:0,778	21/27 = 1:0,778	21/27 = 1:0,778
Federweg vorn (mm)	195	195	195	250
Federweg hinten (mm)	100	110	110	260
Felgengröße vorn (Zoll)	21 x 1.60	21 x 1.85	21 x 1.60	–
Felgengröße hinten (Zoll)	18 x 1.85	18 x 1.85	18 x 2.15	–
Reifen vorn	3.00–21	3.25 x 21	3.00 x 21	3.00 x 21
Reifen hinten	4.00–18	4.00–18	4.60 x 18	5.00 x 18
Bremse vorn	Trommel	Trommel	Trommel	Trommel
Durchmesser (mm)	160	160	160	130
Bremse hinten	Trommel	Trommel	Trommel	Trommel
Durchmesser (mm)	150	150	150	160
Länge (mm)	2.175	2.190	2.119	2.115
Radstand (mm)	1.420	1.415	1.426	1.390
Breite (mm)	875	875	904	910
Höhe (mm)	1.220	1.170	1.136	–
Sitzhöhe (mm)	830	830	850	910
Gewicht (kg)	150	150	135	118
Tankinhalt (Liter)	8,8	8,8	8,5	5,5
Höchstgeschw. (km/h)	135	130	130	135

Technische Daten

Modell	XT 400	XT 250	XT 550
Leistung (DIN-PS)	28,2	22 (17)	38
bei Drehzahl (U/min)	7.000	8.600 (7.500)	6.500
Bohrung x Hub (mm)	87 x 67	75 x 56,5	92 x 84
Hubraum (cm^3)	399	249	558
Verdichtung	–	9,2	8,5
Vergaser	Mikuni	Mikuni	Teikei
Durchmesser (mm)	32	28	Register
Zündung	kontaktgesteuert	kontaktlos	kontaktlos
Primärübersetzung	–	1:3,130	1:2,600
Sekundärübersetzung	–	1:2,875	1:2,533
1. Gang	–	1:2,643	1:2,307
2. Gang	–	1:1,684	1:1,588
3. Gang	–	1:1,261	1:1,200
4. Gang	–	1:1,000	1:0,954
5. Gang	–	1:0,821	1:0,777
Federweg vorn (mm)	195	205	205
Federweg hinten (mm)	110	178	190
Reifen vorn	3.25 x 21	3.00 x 21	3.00 x 21
Reifen hinten	4.00 x 18	4.60 x 17	4.60 x 18
Bremse vorn	Trommel	Trommel	Trommel
Durchmesser (mm)	160	140	150
Bremse hinten	Trommel	Trommel	Trommel
Durchmesser (mm)	150	140	150
Länge (mm)	2.195	2.190	2.310
Radstand (mm)	1.420	1.395	1.450
Breite (mm)	900	815	820
Höhe (mm)	1.170	–	–
Sitzhöhe (mm)	850	850	860
Gewicht (kg)	150	125	145
Tankinhalt (Liter)	8,5	8,25	12
Höchstgeschw. (km/h)	135	120	150

MOTORRAD

Entdecken Sie Europas größte Motorradzeitschrift!

Holen Sie sich die ganze Faszination nach Hause! Rasante Reportagen und traumhafte Touren, Tests, Tips und Technik – in **MOTORRAD**, Europas größter Motorradzeitschrift.

Alle 14 Tage neu am Kiosk!

Die ganze Welt des Motorrads!